CIP）数据

易经 / 傅佩荣著. -- 北京 : 九州出

3-5641-9

①傅… III. ①《周易》 IV.

IP数据核字(2017)第172494号

区阜外大街甲 35 号 (100037)

90/3/5/6

press. com

zhoupress. com

股份有限公司

92 毫米 32 开

第 1 版

第 1 次印刷

108-5641-9

所有 侵权必究★

U0956953

图书在版编目（

卜辞看人生：易
版社，2017.7
ISBN 978-7-510

Ⅰ. ①卜… Ⅱ.
①B221.1

中国版本图书馆C

卜辞看人生：易经

作　　者	傅佩荣
责任编辑	李黎明
出版发行	九州出版社
地　　址	北京市西城区
发行电话	(010)689921
网　　址	www.jiuzhou
电子信箱	jiuzhou@jiu
印　　刷	北京盛通印刷
开　　本	787 毫米 ×1
印　　张	7.375
字　　数	145 千字
版　　次	2017 年 11 月
印　　次	2017 年 11 月
书　　号	ISBN 978-7-5
定　　价	45.00 元

★版权

JIUZHOUPR

【总序】

用经典滋养灵魂

龚鹏程

每个民族都有它自己的经典。经，指其所载之内容足以做为后世的纲维；典，谓其可为典范。因此它常被视为一切知识、价值观、世界观的依据或来源。早期只典守在神巫和大僚手上，后来则成为该民族累世传习、讽诵不辍的基本典籍。或称核心典籍，甚至是“圣书”。

佛经、圣经、古兰经等都是如此，中国也不例外。文化总体上的经典是六经：《诗》、《书》、《礼》、《乐》、《易》、《春秋》。依此而发展出来的各个学门或学派，另有其专业上的经典，如墨家有其《墨经》。老子后学也将其书视为经，战国时便开始有人替它作传、作解。兵家则有其《武经七书》。算家亦有《周髀算经》等所谓《算经十书》。流衍所及，竟至喝酒有《酒经》，饮茶有《茶经》，下棋有《弈经》，相鹤相马相牛亦皆有经。此类支流稗末，固然不能与六经相比肩，但它各自代表了在它那一个领域中的核心知识地位，却是很显然的。

我国历代教育和社会文化，就是以六经为基础来发展的。直到清末废科举、立学堂以后才产生剧变。但当时新设的学堂虽仿洋制，却仍保留了读经课程，以示根本未隳。辛亥革命后，蔡元培担任教育总长才开始废除读经。接着，他主持北京大学时出现的“新文化运动”更进一步发起对传统文化的攻击。趋势竟由废弃文言，提倡白话文学，一直走到深入的反传统中去。论调越来越激烈，行动越来越鲁莽。

台湾的教育、政治发展和社会文化意识，其实也一直以延续五四精神自居，以自由、民主、科学为号召。故其反传统气氛，及其体现于教育结构中者，与当时大陆不过程度略异而已，仅是社会中还遗存着若干传统社会的礼俗及观念罢了。后来，台湾朝野才惕然憬醒，开始提倡“文化复兴运动”，在学校课程中增加了经典的内容。但不叫读经，乃是摘选《四书》为《中国文化基本教材》，以为补充。另成立文化复兴委员会，开始做经典的白话注释，向社会推广。

文化复兴运动之功过，诚乎难言，此处也不必细说，总之是虽调整了西化的方向及反传统的势能，但对社会普遍民众的文化意识，还没能起到警醒的作用；了解传统、阅读经典，也还没成为风气或行动。

二十世纪七十年代后期，高信疆、柯元馨夫妇接掌了当时台湾第一大报中国时报的副刊与出版社编务，针对这个现象，遂策划了《中国历代经典宝库》这一大套书。精选影响国人最为深远的典籍，包括了六经及诸子、文艺各领域的经典，遍邀名家为之疏解，并附录原文以供参照，一时朝野震动，风气丕变。

其所以震动社会，原因一是典籍选得精切。不蔓不枝，能体现传统文化的基本匡廓。二是体例确实。经典篇幅广狭不一、深浅悬隔，如《资治通鉴》那么庞大，《尚书》那么深奥，它们跟小说戏曲是截然不同的。如何在一套书里，用类似的体例来处理，很可以看出编辑人的功力。三是作者群涵盖了几乎全台湾的学术菁英，群策群力，全面动员。这也是过去所没有的。四，编审严格。大部丛书，作者庞杂，集稿统稿就十分重要，否则便会出现良莠不齐之现象。这套书虽广征名家撰作，但在审定正讹、统一文字风格方面，确乎花了极大气力。再加上撰稿人都把这套书当成是写给自己子弟看的传家宝，写得特别矜慎，成绩当然非其他的书所能比。五，当时高信疆夫妇利用报社传播之便，将出版与报纸媒体做了最好、最彻底的结合，使得这套书成了家喻户晓、众所翘盼的文化甘霖，人人都想一沾法雨。六，当时出版采用豪华的小牛皮烫金装帧，精美大方，辅以雕花木柜。虽所费不赀，却是经济刚刚腾飞时一个中产家庭最好的文化陈设，书香家庭的想象，由此开始落实。许多家庭乃因买进这套书，而仿佛种下了诗礼传家的根。

高先生综理编务，辅佐实际的是周安托兄。两君都是诗人，且侠情肝胆照人。中华文化复起、国魂再振、民气方舒，则是他们的理想，因此编这套书，似乎就是一场织梦之旅，号称传承经典，实则意拟宏开未来。

我很幸运，也曾参与到这一场歌唱青春的行列中，去贡献微末。先是与林明峪共同参与黄庆萱老师改写《西游记》的工作，继而再协助安托统稿，推敲是非、斟酌文辞。对整套书说不上有什么助益，自己倒是收获良多。

书成之后，好评如潮，数十年来一再改版翻印，直到现在。经典常读常新，当时对经典的现代解读目前也仍未过时，依旧在散光发热，滋养民族新一代的灵魂。只不过光阴毕竟可畏，安托与信疆俱已逝去，来不及看到他们播下的种子继续发芽生长了。

当年参与这套书的人很多，我仅是其中一员小将。聊述战场，回思天宝，所见不过如此，其实说不清楚它的实况。但这个小侧写，或许有助于今日阅读这套书的大陆青年理解该书的价值与出版经纬，是为序。

【导读】

《易经》与人生

傅佩荣

《易经》是一部奇妙无比的古书，看不懂的人说它是有字天书；略知一二的人对它深感敬畏；真正了解的人爱不释手，随时摆在案头，向它请益人生各种问题，增长处世的智慧。

《易经》的“义理”告诉我们：宇宙万物一直在变化之中，充满无限的活力与生机，那么人类应该如何妥善安排自己有限而可贵的一生？答案是努力提升道德价值，以行善为主轴，搭配求真与审美的目标，使人生趋于完美的境地。个人与群体不可区隔，所以《易经》是“成己成人”之学。

《易经》的“象数”可以用于占卦，只要秉持“不诚不占、不义不占、不疑不占”三项原则，再依循正确的方式进行，则占卦结果将使人相信“无有师保，如临父母”并非虚语；意即即使没有老师与保护者，也好像面临父母在指导一样。当然，人都希望趋吉避凶，但是《易经》也提醒我们“天道无吉凶”，因为吉凶在于人的欲望。

《易经》再三揭示人生的正途在于培养德行、增强能力，以及启发智慧。把握这三点，人生的主动权操之于己，生命也将变得充实而更有意义。《易经》在古代经典中属于哲学类，其故在此。哲学是对人生经验做全面的反省，再由之找出系统的理解和最终的目标，也因此可以说：没有哲学，人生形同盲目；脱离人生，哲学难免空疏。而《易经》正是一套圆满的哲学体系，不学《易经》，将是无可弥补的知性缺憾。

关于《易经》的学习，我用三句话来概括：一、不学一定不会；二、学了不一定会；三、学会终身受用。

首先，《易经》的六十四卦是基于一套特定的符号系统，若不曾学习，则这些卦象显得神秘而难解。其次，为什么学了还不一定会呢？因为它的占卦部分需要解卦，而解卦能力永远有提升的空间。这表示人生有可测与不可测的部分，同时人也有自行做主的选择机会。占卦不同于一般的算命，其原因就在于它要求我们以清醒的理性和负责的态度去面对人生。最后，学会《易经》将可终身受用，此中妙处，其实在学习过程中就已逐步实现了。

我于二〇〇八年一月应山东电视台《新杏坛》节目之邀，主讲了九集“易经与人生”，借助传媒之便，向大众介绍《易经》的来龙去脉与基本观念。现在讲稿整理成书，又增加了许多图片、数据，以及占卦和解卦的方法，希望读者可以比较全面而客观地认识《易经》，由此进入它广大无边又深奥无比的世界，与历代读书人一起遨游相忘于其中。

二〇一二年元月开始，时报文化出版公司发行《中国历代经典宝库》（修订版），建议将本书列入其中，我欣然同意并深感荣幸，但愿能够共襄盛举，有助于国学推广的风潮。

目　录

第一章 《易经》是什么？

多年前，我在比利时鲁汶大学教书。由于饮食习惯很难改变，到国外之后，我跟很多中国人一样，先找中国餐厅。有一家餐馆老板知道我是教哲学的，就对我说他的餐馆生意不太好，因为犯了“路冲”。他于是买了一个“先天八卦图”挂在餐馆门口，挂了一个多月，生意并没有改善，他于是要求我帮他看看图是不是有问题。我一看，发现挂着的“先天八卦图”底下两个卦画反了，难怪无效。但是后来改正之后，是否就有效了呢？

一、学习《易经》的心得

很多时候，我们把《易经》当作心理上一种需求的满足。事实上，《易经》能否消灾解厄、趋吉避凶呢？这并不是《易经》的重点，《易经》的重点在于“修德”、“行善”。上述的那个经历，就是因为八卦就在《易经》里，也是我们最古老的传统。

谈到学习《易经》，我有三句话作为心得：

● 不学一定不会

没有学《易经》，肯定是不懂的。

有什么学问是不学也会懂的？假设你没有学过儒家，没有仔细读过《四书》，我说你要好好“修德行善”、“忠信孝悌”，你一听也知道这是儒家；假设你没有学过道家，对于老庄思想也没有仔细研究，我说你要“顺其自然”、“不争”、“无为”，你一听也知道是道家。很多学问虽然你没有学过，也会知道大概。

然而，《易经》不一样。多少人买了《易经》，打开一看，只感觉到两个字：天书，不知道它在写什么。《易经》最主要是六十四个卦象，对于卦象，如果没有花一两个小时入门，根本不知道它代表什么意思。而每一个卦象都很像、很接近，都是两条横线组成，一条横线是没有断的，另一条是断的。两条线很简单，但是合成六条线之后就复杂了，总共就有六十四个卦象。所以，不学一定不会。

● 学了不一定会

学了还不一定会，那怎么办呢？

《易经》有两大范围：一个叫“义理”，即人生正确的道理，说明要修德，培养自己好的德行，这个理解起来倒是很容易；另外一个叫“象数”，它关系到一个卦象可以用数字来表达它的意思，这就跟占卦有关了。

学《易经》只学“义理”的话，一辈子不懂占卦，这样也不太圆满；专门讲占卦，最后好像变成算命的，那更不是《易经》原本的意思。所以，不学一定不会，学了不一定会。

● 学会终身受用

一旦学会，终身受用。对自己来说，知道为什么要修德，清楚什么时候要采取什么样的行为，就能对自己的生命掌握主动性，培养智慧，发展能力，又有德行，这是《易经》的最高理想。

由此可知，我们确实要了解《易经》到底是什么。我将从以下几个方面来加以说明。

二、《易经》、《易传》、“易学”

《易经》是中国最古老的一本书，因为古代的书是竹简做成的，所以它非常简单扼要，材料很少，只是后代发挥得比较多。

《易经》为“十三经”之首，那时还没有“十三经”的讲法，而是讲“五经”，也就是《诗》、《书》、《礼》、《乐》、《易》。《诗》（《诗经》）代表文学；《书》（《尚书》）代表历史；《礼》（《礼经》）代表生活规范；《乐》（《乐经》）代表艺术、音乐修养；《易》（《易经》）代表哲学。

一说到哲学，感觉“玄之又玄”，好像与生活脱了节。《易经》在古代被列为哲学范围，它有何特色呢？哲学“爱好智慧”，智慧有一个特色——完整而根本。也就是说，你不能只看人的世界，还要看自然界和天道，即天、地、人三方面都要兼顾；不能只看现在，还要看过去、未来。换句话说，在空间和时间（即宇宙）两方面都要兼顾。

《易经》作为哲学的代表，也可以说是中国哲学的根源，其中包括三大部分：《易经》、《易传》、“易学”，这也是学术界目前公认的分类方式。

如果只念《易经》，最多二十页。因为《易经》的“经”本身很少，只有六十四个卦象，加上卦辞、爻辞，二十页就读完了。但是这二十页没有人看得懂，不知道它在写什么，因为太扼要、太简单了，所以就有了《易传》。

《易传》是由孔子与他的后代弟子们整理而成，可以说是靠整个学派的合作才完成的。所以，现在买任何一本《易经》，都是《易经》、《易传》合在一起。一旦分开，就无从得知它在说什么了。

经过儒家的解释，《易传》的内容很丰富，共有十个部分，叫作“十翼”。“翼”就是辅助，好像翅膀一样，作为辅助，让你了解《易经》。

“十翼”首先是《彖传》和《象传》，各分上下，总共四篇。《彖传》是解释卦辞的部分；《象传》则是解释卦义与爻辞，解释卦义的叫作《大象传》，解释爻辞的叫作《小象传》。通常以《小象传》为主，《大象传》只有一句话。

其次是《系辞传》。《系辞传》是独立又精彩的哲学论述，分上下的理由不一样，并没有任何客观的根据，纯粹因为太长了，所以分上下两部分。这样一来就有“六翼”了，还剩下四个：《文言传》、《说卦传》、《序卦传》、《杂卦传》。

《文言传》是对某些文字做解释，但是只对乾卦、坤卦做特别的说明，因为这两卦太重要了；《说卦传》是说明每一卦出现的原因、命名的理由。

《序卦传》是讲六十四卦顺序排列的理由；《杂卦传》即没有顺序，将六十四卦混在一起讲，很多人认为它的内容没有什么道理，应该不是什么伟大的作品。

司马迁认为“十翼”是孔子所著，后人则认为是孔子的学生传至司马迁的父亲司马谈（一代一代，至少传了十代）。司马迁家学渊源，懂得《易经》，“究天人之际，通古今之变，成一家之言”（《史记·太史公自序》），就是因为懂得变化的道理，他才能写就《史记》。

整个《易经》的思想基本上是在时间的变化过程中，观察人们应该如何根据自然界的变化，来安排自己的行为，目的是要“趋吉避凶”。人活在世界上当然希望过得快乐，谁都不喜欢痛苦、烦恼、灾难。因此，吉凶就关系到一个人活得开不开心、想要的东西能不能得到，或者不想失去的东西会不会失去。

总的来说，我们只要了解“十翼”只是十种对于《易经》内容所做的说明，属于《易传》的部分即可。

“易学”从汉代以后一路发展，各自研究，门派多得不得了，随便一念，大概也有一百多部易学著作。介绍《易经》要以“经”和“传”为主，把《易经》与人生的道理说清楚。有些人喜欢成语，而很多成语其实就是从《易经》里面来的。

总之，我们首先要了解，《易经》是最古老的书，是中国古代经典的第一部，其中包括“经”、“传”、“学”，而我们的重点在“经”和“传”。“学”这一部分非常复杂，很少人搞得清楚，天下没有一个人敢说他了解完整的《易经》。就是学某一小部分，也得花上几十年的时间，能够入门，就很不错了。

而这也是本书的目的，希望透过介绍，能够了解《易经》与人生的相关性。现代人为什么还要学习这么古老的智能？它到底有没有启发性呢？这就是本书的重点。人生的智慧在《易经》里面可以说是集大成，得到了一种完整的解释，就看你以后要怎么延伸及应用了。

有人问，《易经》的大原理是什么？一句话：“观天道以立人道”。“天道”代表宇宙大自然的规则，“人道”则是人的世界应该如何生存的道理。

你无法关起门来过人的生活，因为你随时与自然界在互动的关系中。你住在山边，就有适合山的特性的生活，住在海边则又是另外一套了。你不能说我是一个人，到任何地方都一样。如果无法适应自然条件，春夏秋冬都不能分辨，怎么生存？

因此，人的生活与自然界息息相关，而我们讲到《易经》的开始，就要从这里入手。

三、《易经》是符号象征

如何观察天道以安排人之道呢？《易经》的特色又是什么？

《易经》最特别的一点，就是使用符号象征。平常大家见面时都会先交换名片或请教大名，人从小开始就有名字，名字本身不变，但人却天天都在变。试想，从小时候生下来所叫的名字是不变的，但是你哪一天没有在变呢？从小学一路到现在，毕业几十年了，名字是一样的，这说明了什么？

《易经》的智能就表现在使用符号象征上。西方有个学派，就强调人是使用符号的动物。说到人的特性，跟动物相比有什么不同？以前西方学者说："人是有理性的动物。"但是有理性的动物，为什么会做出许多非理性的事呢？人类历史上就发生过很多非理性的事件。换一种说法："人是唯一会笑的动物。"说实在的，人会笑，有时候是笑里藏刀，有时候是表面笑、心里哭。况且，你又怎么知道动物不会笑呢？

因此，人是唯一使用符号的动物。什么叫符号？符号不同于记号，举例来说，过马路时看到红灯就停下来，这就叫作记号。又例如你如果发现自己国家的国旗被人拿来烧了，便会感到愤怒。像中东很多国家会以烧美国国旗来抗议美国，美国人就会很生气。他们为什么生气呢？只不过在烧一块布而已。但那不是普通的布，一旦画上某些符号以后，布就成了国家的象征了，这就叫作符号。

记号是一对一的，符号就有无限的引申空间，跟个人的生命意义有关。有些人对国旗没什么感觉，有些人感情深厚，每个人不同，这就叫作象征，也就是符号。

《易经》就是一套象征系统，基本的象征是什么？变化。“易”就是变化，变化就有主动力和受动力。主动力称为“阳爻”，符号是一条横线中间不断（⚊）。“爻”是效法的意思，“阳爻”这条线，就是效仿宇宙的主动力。

但是，只有主动力不够，还需要有受动力，否则主动力一下子就没了，好像流入泥沙之中了。因此，需要由受动力把它接过来发展，也就是所谓的“阴爻”，符号为一条横线中间断裂（⚋）。

“阳爻”代表主动力，“阴爻”代表受动力，靠这两种力的配合，构成了宇宙万物的变化。所以，《易经》是使用符号象征最早的证据。

对整个人类历史来说，这都是非常伟大的发明。现在我们已经很习惯使用符号了，像二〇〇八年的奥运徽标，就是一个符号象征，任何人一看就知道，这是由北京主办的奥运会。又例如现今很多重大活动或很多地方，只要是由人在主导，都喜欢弄个LOGO来作为代表。

这就是《易经》开始用“阴”、“阳”来代表宇宙万物变化的出发点。阴爻、阳爻两条线构成基本的“三爻”，就是八卦；六十四卦是“六爻”，再翻一倍，八八六十四，这是简单的数字，我们就点到为止，后面会做详细的说明。

四、什么叫作“易”？

什么叫作“易”呢？“易”有三个意思：第一是“变化”，最基本的意思；第二是“不变”，为什么又不变呢？因为规则不变。变化有变化的规则，规则是不能变的；第三是“易简”，容易和简单。

为什么讲“易简”，而不说“简易”呢？说“简易”好像很容易，事实上不见得。在《易经》里讲的是“易简”，“易”代表时间，“简”代表空间；“易简”代表时间和空间。“乾卦”代表时间、创造力，“坤卦”代表空间、承受、发展。

综合以上三点，“易”就包括了三个意思：“变易”、“不易”、“易简”。

有些外国人喜欢研究《易经》，他们虽然是靠翻译来读这部经典，但也会有不少心得，尤其是在心理学方面。我记得在美国念书时曾遇到一位教授，他看到很多人研究中国的《易经》，于是问我：“听说这本书是你们中国人古代智慧的代表，但是它到底在讲什么呢？”

在当时，外国人认为《易经》的“易”就是“I”，“经”就是“CHING”，这是一种外语的拼音法。于是这位教授把《易经》念成“爱情”，他说中国有一本书叫作《爱情》，我想了半天，我们怎么会有部经典叫作《爱情》呢？后来才知道他讲的是《易经》。他翻开《易经》一看，发现很多图案，根本看不懂，但觉得很有趣，好像有一种对称的规则，八八六十四卦，完全没有重复。这也说明了中国人很早就使用符号表达宇宙变化的道理。

五、观察天道安排人之道

《易经》最重要的是“立人道”。“人道”有什么特色？“人之道”的特色跟万物不一样，因为万物是有规则的，有规则的叫作自然规律；有规则的、自然的，就是必然的。例如，我手上拿着一只手表，我的手放开，表自然掉下去，也可以说“手表必然掉下去”。所以黑格尔说：“自然的就是必然的。”

人的生命不一样，身体属于大自然，饿了一定要吃饭，渴了就要喝水。但是人的特色在于有“自由”，“自由”两个字一出现，天下的问题就出现了，天下就麻烦了。因为人有自由，所以有选择的可能。选择需要先认知，认知恐怕会有错误。认知的错误、选择的错误，加上各种偏差的考虑，包括欲望在内，到最后使得天下大乱。

所以古人发现，自然界的规律在人的世界不一定适用。有些人宁可饿死，也不去抢钱、抢面包，因为他认为“饿死事小，失节事大”，这是一种选择。但也有些人说：“我才不那么笨呢，好歹也要吃饱了再说。”于是他拼命用非法的手段或其他方式让自己吃饱。

有人饿死了，有人吃饱了，但是从后代看来，都一样是死了，人没有不死的。所以，你就要问：你要用什么方式让自己活下去？这个方式需不需要考虑到正当性呢？还是说活着就好？

一般的生物活着就好，没有比活着更重要的事。有的生物虽然会放弃生命，但那是为了繁殖。一般的生物只为两件事："活着"和"繁殖"。人类不一样，可以为了某种理由、理想而牺牲、奋斗，在所不惜。

若要安排"人之道"，就要明白自然界有它的规则。而人的世界，身体方面属于大自然，另外还有特别属于人的部分。从西方的观点来说，前者是"实在的情况"，后者是"应该的情况"。人之所以为人，是因为有自由可以选择，但选择的标准何在？人又为什么要行善避恶？况且行善很困难，为恶很容易。

人一旦顺着本能及欲望发展，想怎么发展就怎么发展，最后的结果就是为恶。若要行善，必须时常提醒自己，儒家称之为"慎独"。就好比一个人在房间，却有五个人看着你一样，"十目所视，十手所指"，这种压力很大。为什么要这么辛苦？辛苦的压力是从外面来的吗？不然。如果讲外界的压力，那不叫儒家，那只是别人在约束你。真正的儒家强调由内而发，由自己约束自己。因为"人性向善"，自己由真诚引发自我要求。所以，儒家思想对于《易经》这个理想的发挥，是最自然、最正常的。

道家也学《易经》，例如，"柔弱胜刚强"。很多时候你可以发现，从正面不见得能达到效果，从反面等待一段时机，说不定可以产生到很好的效果。道家比较偏向这一方面。所以，我们谈到“观察天道安排人之道”时，也和“义理”相关。

六、《易经》如何解惑？

古人如何解决疑惑？例如，古代的天子要如何决定该不该迁都呢？迁都关系到国家命脉，一般人都不愿意迁居。好不容易买的房子，一迁居，房价跌了怎么办？古人也一样，也喜欢安居乐业。

古代天子有困惑时，需要参考五个方面的信息：第一，自己思考怎么做；第二，与专门负责的大臣商量；第三，跟老百姓商量。我们很难想象古时候也有民意调查，天子也要询问老百姓的意见，派人到市场上跑一跑，收集一些资料。

以上这三方面都跟人有关，也就是：天子自己想清楚，请大臣一起来开会，然后再询问老百姓的意见如何。

第四是杀龟占卜。古代的乌龟真倒霉，只要壳长到五尺以上的，都很危险。用龟壳占卜时，譬如要不要打仗，就杀一只龟，在龟壳上刻“战”和“不战”，然后放在火上烤，哪一边先裂开，就按照哪边说的做，因为那代表上天告诉你要不要打仗。

事实上，这是一个有关士气问题的方法。国君本来就可以下令打仗，下面的人谁敢违抗呢？但是光靠一个人下命令，底下人没有信心是不行的。底下人甚至会认为国君是与对方国君感情不好，要去报仇，才将他们当牺牲品。因此，为了避免这种不必要的人心浮动，就要占卜，用龟壳来占。

但是用龟壳占不太理想，因为可以事先在壳上做手脚。知道国君喜欢打仗的，就在一边用力刻深一点，火一烤先裂开，就按裂开的一边去做。

第五，就是使用《易经》。用《易经》占卦又叫占筮，“筮”是古代的一种蓍草，现在已经很难找到这种草了，只能从古人的描写中得知。这种草叫作“神物”，是“天生神物”，很灵验的一种东西。这是《易经》里面所提到的占卦方法。

古代有“太卜之官”，专门负责占卜。你说这是迷信吗？我认为不是。当你已经思考过了，把人的智慧都用尽了，但是人的思考再怎么样都会百密一疏，都会有盲点，都会有执着。经过鼓动、宣传、介绍，大家就想“好”的一方面，而忽略了“坏”的一方面，最后谁负责呢？所以就要靠“卜”与“筮”，即靠“占卜”、“占筮”。

这五种方法合起来之后，一定是不一样的结果，不可能五种完全一致。但不可能又要迁都、又要打仗，所以还要看你问的是国内的事，还是国际的事？是自己内政的事、还是外交的事？必须视情况而定，将所有结果列出来之后，就要看哪几个支持、比例如何。这是古时候的方法，代表《易经》本来在古代就是用来“占筮”的。

占筮的基本原理是鉴往知来，让你避开盲点与执着。《易经》最重要的是“观天道以立人道”，这是讲“义理”方面——人类应该如何生存。我们知道，人类生存当然希望趋吉避凶，希望所有的吉祥都能降到自己身上，所有的凶恶、凶险、灾难都不要来。

但是没有那么简单的事，因为一切在变化之中。当你认为一切都很顺利的时候，接着就会开始出现凶险；当你最近一切都不顺，说不定很快就会转变，接下来就是幸福了。

这是《易经》的观念，后来老子所说的一句话，就很符合这个道理：“祸兮福之所倚，福兮祸之所伏。”（《老子·五十八章》）灾难旁边就靠着幸福，幸福底下就藏着灾难。因此，当你正处于幸福之中，就要小心居安思危；当你正在受苦受难，不要悲伤，旁边就靠着幸福；你终于撑过去了，雨过天青，幸福由此开始。这就是受到《易经》的启发，说明宇宙万物都是在变化之中。

七、在变化中保持优势

那么，如何在变化中始终保持优势呢？《易经》会告诉你，把焦点拉回自己身上，保持主动性，让自己始终处于优越的位置。例如，你现在很顺利，那就不要骄傲，应该要准备失败的来临。当你准备好了，失败就不会来了。当你遭遇低潮的时候，赶快充实自己，等待机会的来临，随时把握住它。

《易经》讲到变化的道理，很符合我们实际的生活经验，非常深刻。我们讲："天道无吉凶。""天道"是由六十四卦整个系统所构成的，是没有吉凶的。如果你说这个卦不好，但《易经》里面有些卦本来就代表困难的处境，譬如四大"难卦"之中，有一卦叫作"困卦"（䷮）。"困卦"代表水在沼泽底下流走了，"泽水困"，上面是沼泽，水到底下去了，沼泽空了，代表山穷水尽了，这就是困难的卦之一。遇到凶险时该怎么办？这时候就要知道"天道无吉凶"。

这么说来，《易经》可能每一个卦都是好的吗？其实人与人相处，都是在比较之中，只有相对的好坏，没有绝对的好坏。若要经常保持优势，最好的方法就是"修德"，也就是掌握到"天道无吉凶"的道理。

人的吉凶来自欲望，化解欲望就没有吉凶问题。别人认为不好的，你不在意，因为你化解了欲望。欲望若是太强，就会与人竞争、斗争，到最后产生战争。一旦消解欲望，别人认为不好的，我们不这么认为，便能欣然接受。但是我们本身有一种自处的态度，有一种处在困境里的方法，亦即修德行善。

可见，《易经》给我们的启发，对读书人来说，真的是良师益友。我自己学习《易经》的心得，在经验上来说，是大学时代老师教《易经》时所提到的一小段——乾卦的《文言传》。当时老师读得津津有味，我们听得头昏脑涨，因为才大学一年级，完全不知道《易经》是什么。当时只知道乾卦是一个卦，六条线都是阳爻，谁都会画。但相同的线，意思却不一样，因为在不同的位置，就有不同的情况。

大学时代了解的是很简单的东西，后来听别人说《易经》很神秘，觉得很有道理，但就是不知道怎么有道理。再后来看到“先天八卦图”和“后天八卦图”，觉得很有味道，里头还包括数字的对照，但依旧不知道是怎么一回事。

我也没有时间多想，就先研究儒家、道家，因为它的文本比较容易了解。例如，我读《论语》，看历代两千多年四百多家注解，把这些注解都看完了，自然就懂了。问题只在于对每一句话如何选择正确的注解，由此构成一个完整的系统。

到了五十岁的时候，我想到孔子说的话：“加我数年，五十以学《易》，可以无大过矣！”（《论语·述而》）孔子说：“让我多活几年，到了五十岁可以专心研究《易经》，将来就没有大的过失了！”

孔子学《易经》，目的是希望将来没有大的过失，这说明什么？人活在世上，小的过失是难免的，大的过失为什么可以不犯呢？因为学习《易经》就可以避免。

孔子说这些话很实在，也很谦虚。儒家的思想在《易经》中有很清楚的表现，有人说儒家讲“人性本善”，其实不然，孔子这句话就是证明。他五十岁开始研究《易经》，只希望不要有大的过失，小的过失还是很难避免。

可见“人性本善”是句空话，不实在。孔子的修养到七十岁，才能“从心所欲不逾矩”，代表他七十岁以前“从心所欲”，想怎么做就怎么做，可能会违反规矩、礼仪、法律。

从这些地方可以知道，孔子很重视《易经》。司马迁曾说孔子“读《易》，韦编三绝”。那时的《易经》是刻在竹简上、用绳子绑起来的，绳子断了三次，就知道孔子有多用功了。

古代读书人，《易经》都是放在案头，每天有空就翻一翻。“闲坐小窗读《周易》，不知春去几多时？”（宋叶采《暮春即事》）打发时间最好的方法是看《易经》，因为怎么看都看不太懂，但是又很有趣。每种卦象都有某种象征，有的跟实际的事物很像，例如鼎卦（䷱），看起来就很像古代人烧饭用的鼎。但是到底是先有鼎再有鼎卦，还是先有鼎卦再有鼎呢？在古代来说，这些都是很有趣的问题。

还有其他许多卦，看样子就知道它所代表的是什么东西，一想就知道它的主要含义是好还是坏，这些我们稍后会做说明。

八、我学习《易经》的经历

学《易经》不能心急，一定要给自己至少一、两个小时的时间，把最基础的八卦完全弄清楚，将来再看六十四卦的时候，就知道都是由两个基本的卦所组成。例如，三条阳爻就是一个基本的乾卦（☰），像这样的有八个（乾☰、坤☷、震☳、兑☱、坎☵、离☲、巽☴、艮☶），然后再合成八八六十四卦，成为完整的卦象。这时候每个卦都是六爻，就比较复杂了。

我五十岁开始学《易经》，照着朱熹的方法“乾坤屯蒙需讼师”，即把卦序歌整个背下来。背下来之后，还要做简单的测验，别人随便说哪一卦，我就要把卦象画出来，不能画错。学《易经》得来的乐趣，真可谓学会终身受用，非常有趣。

有一次，我碰到一个年轻人，他在企业界工作，他说他去年算命算到师卦（䷆），问我好不好。我于是把师卦画下来给他看，跟他说：“你现在的情况，代表很多人支持你；做生意当然需要有人支持，师卦代表众人。但另一方面，出现了竞争的对手，所以你有压力。因为师卦也代表战争——商场上的竞争。”

他一听，就说我讲得真准。我也不知道哪里准，我只是把《易经》基本的道理弄懂了，每一个卦基本的卦象和它所象征的实际情况了解了，他一问，我就为他说明。这些基本上都是常识，我们每个人都有权利了解《易经》，而今天，我们就要善用这个权利。

针对《易经》，我借由以上做了一个简单的介绍，希望能把《易经》这本一般被认为天书的经典，用最简单的方式来说明。在这里，需要的是用心专注，要知道基本的八卦怎么画，这部分我们会陆续加以解释。

九、如何理解《易经》的占卦?

从宋朝的程颐开始，完全侧重义理方面，认为《易经》不能谈占卦这一部分。但事实上孔子也占过卦，他在四十几岁的时候，考虑要不要做官，于是占卦。占到贲卦（䷕），贲卦指的是装饰品。孔子一看，做官只是装饰品，只是好看，没什么用，于是便退下来，删《诗》、《书》，订《礼》、《乐》，赞《周易》，作《春秋》。

后来他官做得不错，又发现有阻碍、有困难了，怎么办呢?占卦。换句话说，占卦是在你理性不能解决的时候，用来求助于超理性，而不是非理性。《易经》显示超理性的神奇妙用，古人作《易经》时本来就有使用“象数”作为独立的一部分。孔子一占之后，占到旅卦（䷷）。“旅”代表旅行，出去旅行吧。他于是不做官了，出门旅行十三年，周游列国。

孔子难道非占卦不可吗?说实在的，我们很难再回溯以前的状况。只用理性思考的话，很容易陷于主观，因为主观有一种愿望，让你最后心想事不成，导致忽略了其他因素。而《易经》最主要就是让你知道天、地、人，知道同时发生的所有情况。

一般人看问题，都是因果式的；过去有原因，现在就有结果。现在做的事是原因，将来就会有结果，这是单向式的发展。而在《易经》当中，注意的是同时性的发展，不再只看历史性、时间性。过去不再回来，所以要注意同时性，现在的情况如何、什么事同时发生，都有互相对照的价值。

譬如观察整个世界的局势，单看过去的历史是没有用的，那都已经过去了。但若从现在观察整个国际的形势，就知道我们在什么位置、要往哪里走，这叫作同时性的思考模式。

在《易经》里面，很多时候你参考历史数据及别人的经验还不够，因为另有其他因素是你不能控制的。这时候占卦，等于是得到全方位的信息。孔子这两次占卦，是出于后代学者的记录，不见得有明确的证据，只能反映出利用《易经》占卦之后，得到的信息和后续的发展可以相互配合。平常不需要占卦，理性思维可以得到结果的，就没有问题。

荀子说："善为易者不占。"（《荀子·大略篇》）真正懂得《易经》的人是不占卦的，因为他了解"修德在己"。占卦的话，有一半是求助于鬼神，还不如自己修德行善。很多时候，人有理性，总希望知道将来该怎么办。

譬如，问现在做这个决定好不好，这其中变量太多了，若现在下了这个决定，没有问题，所有人都说好，但你怎么知道过几年会发生什么事呢？譬如忽然来一个疾病，像SARS，或忽然来一个地震，那是没有人可以预测得到的。在国内没有问题，但国际上会发生什么事，谁知道呢？在地球上没事，碰上彗星撞地球，该怎么办呢？

像这种事是没有人可以完全了解的，如果说"尽人事、听天命"，但就《易经》来说，不能盲目地听天命，还是可以有很多种方式来解决困难。

十、占卦容易解卦难

《易经》占卦很容易，解卦很困难。历代古人在解卦的时候，就出了问题。这个卦这样解、那样解，好像都说得通，但往往事后才会发现应该怎么解才对。这都没有关系，本来就需要做功课。最后都会有结果出现，这个结果为什么可以准确呢？这就要回到周文王了。

周文王曾经被商纣王关在羑里七年。各位知道坐牢的好处是什么吗？可以读书。反正不能到处走动，有人供吃供住，看着你，不让你离开，那么你就只能读书，专心思考。

周文王在七年之内，为《易经》的六十四卦，每一卦写一句话；每一卦六爻，总共三百八十四爻，每一爻写一句话。他总共写了六十四句话，加上三百八十四句话，这就是《易经》卦辞、爻辞最基本的部分。

现在流传下来很多《易经》的书也很有趣，例如日本有位学者研究《易经》很透彻，他也是因为坐牢七年，出狱之后写了一本解卦的书，写得不错。同样是七年，所以若问学《易经》大概要花多久时间，我们心里也有数了：大概必须专心七年。

每个人解卦的方式都不一样，我们现在一般按照朱熹的方法，但也有另外不同的理解。学《易经》时要双方面兼顾：一方面是义理，做人的道理，以修德为主；另一方面是占卦，譬如你有困惑，一时想不通该怎么办。

中国传统一向是两方面兼顾，今天我们谈《易经》的时候，不用特别排斥占卦的部分，但也千万不要只把它当作算命、占卦的一种工具。若只用来占卦，最后将会违反它的道理。

提到占卦，我以三句话作为格言：

（一）不诚不占。没有诚心不要占。

（二）不义不占。不是你该占的不要占。例如，我要占问你有没有私房钱，这就是不义的事，不是我该问的事。

（三）不疑不占。有疑惑时，理性可以解决的就不要问了，理性实在是不能解决、两边为难的再问。

“不诚不占”、“不义不占”、“不疑不占”，把这三点合起来，就知道荀子为什么说“善为易者不占”了。有人说研究《易经》到最后，人会变得“絜（xié）净精微”，意思是研究《易经》心思要非常单纯，思想上非常的透彻。另外还有一个毛病，叫作“贼”。“贼”不是小偷，而是表示你想太多了，到最后恐怕偏离了人生的正途，那就非常可惜了。

【余韵】

古人研究《易经》有各种说法，我们当今二十一世纪，要取其研究的正面优点和心得来加以学习、运用。基本的道理就是最后要回到自己身上，培养以下三点：

第一是德行。德行、修德是永无止境的。举例来说，本来有很多欲望，经过修德之后，欲望调节了，化解了，哪里还有吉凶的问题？就算别人认为不好，但只要自己可以接受就好。

第二是智慧。很多事在判断的时候，不要自以为是，要能开阔心胸，接受各种信息，然后再做出一个比较完整、合理的判断。

第三要培养能力。从《易经》可以让你对做人处世有不同的应对，对待许多事情的发展，你都有更高的能力表现。

【《易经》小常识】

基本八卦（八经卦）的口诀

乾三连（☰），坤六断（☷），

震仰盂（☳），艮覆碗（☶），

离中虚（☲），坎中满（☵），

兑上缺（☱），巽下断（☴）。

《易经》六十四卦卦象图

横排上卦 竖排下卦	☰ 天	☱ 泽	☲ 火	☳ 雷	☴ 风	☵ 水	☶ 山	☷ 地
☰天	乾卦	夬卦	大有卦	大壮卦	小蓄卦	需卦	大蓄卦	泰卦
☱泽	履卦	兑卦	睽卦	归妹卦	中孚卦	节卦	损卦	临卦
☲火	同人卦	革卦	离卦	丰卦	家人卦	既济卦	贲卦	明夷卦
☳雷	无妄卦	随卦	噬嗑卦	震卦	益卦	屯卦	颐卦	复卦
☴风	姤卦	大过卦	鼎卦	恒卦	巽卦	井卦	蛊卦	升卦
☵水	讼卦	困卦	未济卦	解卦	涣卦	坎卦	蒙卦	师卦
☶山	遁卦	咸卦	旅卦	小过卦	渐卦	蹇卦	艮卦	谦卦
☷地	否卦	萃卦	晋卦	豫卦	观卦	比卦	剥卦	坤卦

注：1. 上表中两单卦合二为一，成六十四卦，如上卦“天”，下卦“地”，合成“否卦”；上卦“火”，下卦“风”，合成“鼎卦”。

2. 其中，八种自然现象又代表八个经卦，即分别为乾（天）、兑（泽）、离（火）、震（雷）、巽（风）、坎（水）、艮（山）、坤（地）。

第二章 《易经》的由来

说到《易经》的由来，是个非常枯燥的问题，会涉及许多古代历史。但是《易经》对我们中国人来说，确实是个值得珍惜的宝贝。

我在美国读书的时候，有一个念化学的台湾学生，经常抱怨他的指导教授。因为教授规定每星期三下午化学系的研究生都要聚会，聚会时什么都可以谈，就是不可以谈化学。这下糟糕了，这位仁兄从小喜欢化学，除了化学什么都不懂，所以一到聚会就没话说，经常被人嘲笑。

后来他向我求助，他说："你不是中国人吗？中国不是有悠久的文化吗？能不能帮我忙？"

我便对他说："好吧，我给你一个法宝。"我拿一张纸，画了一个先天八卦图给他，然后解释八卦——乾、坤、震、艮、离、坎、兑、巽，针对的是：天、地、雷、山、火、水、泽、风。我大概讲解了这八个符号的象征意义，代表八种自然界的现象，而这些现象的组合会构成六十四种状况。

他听懂之后，把图拿去复印了几十份，第二个星期三下午聚会时，就发给每一个人。大家一看，对他都非常尊敬，为什么？因为看不懂。于是大家请他帮忙解释，他就照我解释的说一遍，用符号代替真实事物，符号的组合代表事物的变化。符号组合成六十四卦，再加上三百八十四爻，等于是六十四个大的状况、大的趋势，以及三百八十四个位置。你在什么位置，你应该怎么办？这些人生的问题大致都含括在内。

讲完之后，那些外国老师与同学都对他非常佩服。有人问他这是多久以前画的东西？他说大概五千多年前吧。外国人听了更佩服了，因为五千多年以前，外国人的祖先还在玩“泰山”的游戏，而中国已经有这样的八卦图出现了。

一、《易经》形成的三个阶段

《易经》为什么可以推到四五千年前？它反映了人类在蛮荒之中、蒙昧之中，开始创造文明的基本过程，研究中国古代历史不能忽略这一段。

一般说来，《易经》经过三位圣人，第一位是伏羲氏（庖牺氏），第二位是周文王，第三位是孔子。我们常说的上古时代的有巢氏、燧人氏、伏羲氏、神农氏，其实代表了四个生活阶段。古人过的是群体性的生活，从伏羲氏开始有渔猎社会，开始有畜牧，养殖一些动物。到了神农氏，就变成农耕社会，接着就是黄帝。

伏羲氏如何画出基本的八卦呢？想象一下，在开天辟地之后，人类在这个世界上如何生存？所有的一切都是最原始的，也没有任何工具的发明，如果要到一个地方去，要知道这个地方是好是坏，该怎么做记号呢？就用结绳的方式。发现好地方或好机会，绳子就不打结，代表阳爻；发现地方不好或者危险的情况，就在绳子中间打一个结，代表阴爻，中间已经断了。然后每三个连在一起，或六个连在一起，变成一个完整的现象。其他人看到这些结绳的记号，就会对前面的状况有个整体的了解，从而判断是好还是坏。

这说明了古代没有文字，也不可能有任何其他的方式，更没有书写的工具，只能用最原始的方法留记号。所以，从伏羲氏就开始运用这种做记号的方式，因而出现了最原始的八卦。八卦出现之后，接着就是八八六十四卦，这些在伏羲的时代都已经展现出来了。

接着，周文王为每一卦写一句卦辞，每一卦的六爻各写一句爻辞。后代很多人说卦辞、爻辞里所记载的数据，有一些是在周文王以后所写成的，因此我们可以说是周公帮忙完成的，他们父子两人合作完成卦辞和爻辞。从伏羲氏到周文王，《易经》始成。接下来是孔子和他的代代学生，合作第二部分的《易传》，这就是《易经》本身写成的过程。

二、《易经》系出忧患意识

这些先哲们写《易经》的目的，是因为人有忧患意识。例如周文王的时代是在商纣阶段，当时商朝要结束，周朝要兴起。这时候难免会担心，因为天下乱的时候，谁知道将来是否平定呢？如果一直乱下去就不可收拾了，人类就要面临毁灭了。

为什么需要忧患意识？假设你家门前种了一棵树，你且不去管它，在阳光、空气、水的作用下，这棵树自然会成长。其他生物也一样，天上的飞鸟有窝巢，地上的狐狸有洞穴，你根本不用担心，万物自生自灭。但是人不一样，人如果跟其他动物一样自然成长，就会变成很奇怪的东西了。

换句话说，人不能离开人的社会，而人的社会需要有某种教化。在德国，曾经发现一个狼孩子，生下来就在野外被狼叼走了。后来被猎人抓到之后，从他的骨骼、牙齿可以看出他已经十六岁了。十六年来，他一直与狼生活在一起，他跑步的姿态、叫的声音，都和狼一样。被人救出来之后，用人类的方式怎么教都没有用，几年后就死了。

这说明什么？人不能放在自然界任其自由发展，自由发展等于是没有人的生命。人类这种生命是最特别的，从身体结构开始，最重要的是心理。人能够学习、能够选择，这就让人担心，因为人的本能决定了他会替自己考虑。替自己考虑，如果没有限制，到最后就会变成损人利己、以私害公。

而其他生物很单纯，假设一只熊抓到一只兔子，它不会说今天手气不错，多抓几只存起来；它没有这种观念。狮子顺利抓到一只羚羊，也不会说今天手气不错，可以多抓几只，明天就可以放假了。狮子没这种观念，它每天填完肚子，吃完弱小的动物之后就休息，饿了就继续捕捉动物充饥。被抓的动物不是可怜、委屈，而是淘汰了。弱者被淘汰，留下来的是比较强的品种，这就是生物界的食物链。

但人不一样，人如果这样，欲望就会发展到无限的程度，譬如强凌弱、众暴寡，天下就不成为人的世界了。因此，古代的帝王、真正的领袖，一定要有忧患意识。譬如，如何让人遵守某种规范、互相帮助？因为人都有弱小的时候，小时候需要照顾，老了也需要照顾，不能只看中间这一段。只看中间这一段，大家都很厉害，年轻力壮，为所欲为。

古代这些政治领袖制作《易经》，是因为“忧患”两个字。我们也常说：“生于忧患，死于安乐。”（《孟子·告子下》）在忧患中可以生存，在安乐中人恐怕就会灭亡了。这是中国儒家一贯的思想，这种思想非常正确，到今天也是一样。如果一个人没有受到好的教育，后果不堪设想，他能力越强，对社会危害越大。

古代《易经》的由来，可以说与这几位领袖人物有关，与他们的忧患意识有关。到现在还是一样，我们经常提到《易经》里的“居安思危”，在安定的时候要强调危险，太平的时候要防范乱世。如此一来，才会珍惜和平，才会长期保持平安、健康的状况。

三、《易经》所描述的古代历史

《易经》所描述的古代历史，跟我们今天所想象的古代历史是否有落差呢？我们先来看看《易经》怎么描写。《系辞传》中说：

> 古者庖牺氏之王天下也，仰则观象于天，俯则观法于地，观鸟兽之文与地之宜。近取诸身，远取诸物。于是始作八卦，以通神明之德，以类万物之情。作结绳而为网罟，以佃以渔，盖取诸离（䷝）。庖牺氏没，神农氏作，斲木为耜，揉木为耒，耒耨之利，以教天下，盖取诸益（䷩）。日中为市，致天下之民，聚天下之货，交易而退，各得其所，盖取诸噬嗑（䷔）。神农氏没，黄帝、尧、舜氏作，通其变，使民不倦，神而化之，使民宜之。《易》穷则变、变则通、通则久。是以“自天佑之，吉无不利”。黄帝、尧、舜垂衣裳而天下治，盖取诸乾（䷀）坤（䷁）。刳木为舟，剡木为楫，舟楫之利，以济不通，致远以利天下，盖取诸涣（䷺）。服牛乘马，引重致远，以利天下，盖取诸随（䷐）。重门击柝，以待暴客，盖取诸豫（䷏）。断木为杵，掘地为臼，杵臼之利，万民以济，盖取诸小过（䷽）。弦木为弧，剡木为矢，弧矢之利，以威天下，盖取诸睽（䷥）。上古穴居而野处，后世圣人，易之以宫室，上栋下宇，以待风雨，盖取诸大壮（䷡）。古之葬者，厚衣之以薪，葬之中野，不封不树，丧期无数，后世

> 圣人易之以棺椁，盖取诸大过（䷛）。上古结绳而治，后世圣人易之以书契，百官以治，万民以察，盖取诸夬（䷪）。

首先上场的是伏羲氏（即上文中的“庖牺氏”）。古代伏羲氏统治天下时，抬头就观看天体的现象，低头就考察大地的规则。上面是天，底下是地。天有天体，如太阳、月亮、星星，还有风云变化。古人认为“天圆地方”，天体的运行是有规则的，有规则代表“去而复返”，一定是圆形的。地本身看起来无穷尽，往东南西北哪一方看，都好像平的，也就是“地方”。所以，古人认为“天圆地方”，跟观察天体有关。

天体的变化过程，造成昼夜这种自然现象的出现；地有山川、沙漠、高原，还有平地，各有不同的规则。再仔细检视鸟兽的足迹和花纹，以及山川地域的各种特性。伏羲氏了解这些之后，再根据自己的经验，参考各种事物的实际情况，着手制作八卦。

从伏羲氏统治天下，到着手制作八卦，中间的过程就是仔细观察。前述之所以提到“观察天道安排人之道”，就是因为在开始面对世界的时候，一定要先了解这个世界，了解之后才能够选择一个更好的方式，配合天时、地利，好好生存下去。后来农业社会的春耕、夏耘、秋收、冬藏，也是类似的道理。

伏羲氏制作八卦有什么用处呢？首先，是用于会通神明。古人对于很多无法解释的事，就归之于神明。譬如，宇宙为什么要出现？人类为什么要发展？人类为什么是这样而不是那样？这只能说是神明的安排。所以，人必须要了解神明的功能。

其次是用象征的方式，“比拟”万物的实况。要了解世界，看每一卦的变化就够了，等于是“以简驭繁”，用简单来说明复杂。

为什么说《易经》是哲学呢？西方也是一样，西方第一位哲学家是古希腊的泰勒斯，他说宇宙的起源是水，用水的变化来解释世界的变化。很多东西是火、是土、是风，跟水有什么关系？他提到，把水烧开就变成气体，水凝结成冰就成为固体，所以，水是液体、气体、固体统统兼具在内。这种说法虽然不是很科学，但重要的是泰勒斯作为一个哲学家，不再用神话的方式来理解世界的起源。

在当时，哲学的出发点背后是神话。以前的人用神的故事来解释宇宙万物，神怎么造世界、神怎么造人。而真正的哲学出现，是用理性在人的经验世界里，找到一个基本的材料，虽然这种说明很有限。以中国伏羲氏的背景来说，也是一样。他在观察了各方面之后，用八卦来解释，而不用具体的物质。因为具体的物质、单一的因素，很难解释复杂的变化。

伏羲氏接着开始使用《易经》里的卦。第一步结草为绳，把草捆起来变成绳子，然后开始制作罗网，用罗网来打猎、捕鱼；这代表伏羲氏时代是渔猎社会。

“伏羲”二字，我们平常理解为驯养野兽，把野兽变成家畜并加以运用。《易经》中就曾提到古人如何把野牛变成家牛：把野牛抓来之后，在牛角上绑一块木板，让牛在顶人的时候，人不至于受伤。牛顶了半天发现没有用，就不会再顶人了。因为牛角是它最好的防身武器，也是攻击武器。遇到任何东西，牛都会用角去顶。但是如果在牛角上绑一块木板，它怎么顶，人都不会受伤。久而久之，牛就放弃顶人的习惯了，开始被驯养了。

这种方法其实非常有智慧，就像印度人驯养野象。野象很大，人根本挡不住，不是它的对手，该怎么驯养呢？于是印度人就把家象和野象绑在一起，让野象觉得都是象，为什么家象这么乖。久了之后，野象也变成驯养的象了。

这是印度人的方法，我们老祖先早就在用了。对付小野牛也是这种方式，对付猪的话就更简单了。猪的獠牙很厉害，在山上如果碰到野猪，一般人只有逃命的份。野猪很厉害，古人怎么办呢？把它去势（即阉割），去势之后它就不再那么凶了，而野猪就变成我们的家畜了。

《易经》里提到这些，说明在伏羲氏的时代就知道如何制作罗网来驯养野兽，供人所用。但是不要忘了，《系辞传》特别提到一个卦，叫“离卦”。离卦本身并不是离别的意思，“离”就是罗网，从它的卦象一看就知道，像罗网的样子可以捕东西。但更重要的是，“离”代表火，这也说明了火是文明的起源。

说到这里，我想到希腊悲剧家埃斯库罗斯写的《普罗米修斯》三部曲。普罗米修斯是巨人族，他看到人类活在阴暗潮湿的世界很可怜，于是就到天上去偷火，把火种偷下来给人类。人类因为

要让百姓过得快乐。这个时候才接着说乾、坤两卦的出现，叫作“垂衣裳而天下治”。“衣”代表上衣，“裳”代表裙子。今天只有女人在穿裙子，但古人都穿着衣跟裳，上衣下裳。衣裳垂下来，天下治好了，“衣”代表乾卦（☰），“裳”代表坤卦（☷）。“衣”在上，“裳”在下，这才是完整的意思，所以黄帝和尧、舜让天下可以治好。

四、穷则变、变则通、通则久

学《易经》时，要特别注意一句话：“穷则变、变则通、通则久。”当你穷困而没有路走的时候，就要变化，变个花样。譬如，做这一行走不通了、过时了，你就要变，不变的话就会被淘汰。变了之后就通达了，有路走了；转个弯，前面就更宽了。“通则久”，通了之后就能持久。但是久了之后呢？久则穷，再回到开始，“穷则变、变则通、通则久”，不断地轮替。

《易经》谈到政治领袖时，就注意到这些问题，“穷”、“变”、“通”、“久”，如此才能长期发展一个社会。活在世上，对一般人来说是很辛苦的，因为不明白人生的道理，光只是活着。活着做什么？我们都知道“养儿防老”，事实上却不见得能达到这样的效果。人的希望总是放在子女身上，很多人都有类似的经验，一旦有了孩子以后，看着他们成长，当孩子越小，父母的希望就越大；孩子越大时，父母的希望就越小了；等到孩子都成长了，父母也没什么希望了。

人在这个过程中，会慢慢老去，来不及后悔，来不及重新选择，人生就去掉大半了。这样的人生有什么意义？但是没办法，这就是我们所了解的实况，两三千年以来都是如此。

今天这个时代不一样了，我们要认真研究《易经》。《易经》在古代只有少数人可以学习，“不学《易》不足以为将相”，要当将军、当宰相的人，都要学《易》。一般老百姓学了《易》有何作用呢？今天要突破这个范围，每个人都要学《易》，为的是让人人都能感觉到自我生命是独特的、独一无二的、不可替代的。

我们学《易》，就是要了解古代历史怎么发展、人类文明怎么进步，而个人又该怎么办？如此才能进一步往下发展，掌握主动性，让自我生命有其内在的价值，可以修养德行，培养智慧。

我们都知道，古代读书人很少，读书变成是少数人的专利，所以很多书都是写给统治者或将来的统治者看的，一般人只能受人安排过日子。现在不一样了，现在知识普及开放，是我们学习的大好机会。

五、《易经》与古代文明的发展

黄帝、尧、舜之后，他们所建构的社会规范到底是什么？

首先开始造船，开始有水陆交通的方便。当时的人最怕碰到河流，河流水深不可测，充满危险，古人必须戒慎恐惧。所以《易经》有“坎卦（☵）”，“坎”就是水。然后也有高山，山为艮卦（☶），代表阻止你过去。如果没有爬山的工具，只好止步不前，过水则更是处处陷阱。但如果开始造船，有了舟楫之利，就可以跟远方来往。接着，就要驯服牛马，把货物带到远方，慢慢从小的部落发展到大的部落集合体。

古代就是部落的集合体，夏、商、周三代，夏朝有万国之称，有一万个部落（当然，“万”是代表一个很大的数字）。一直到周朝，才开始慢慢组成一个统一的国家，用封建的方式治国。在这以前都是部落，所以我们今天说尧、舜如何伟大，其实都只是一个部落的集合体，治理起来比较容易，他们做好事，大家都可以看到。

水陆交通方便之后，为了保障社会治安，武器与防备就陆续出现。因为有好人就有坏人，有百姓就有强盗，这是不可避免的事。这时候，百姓就需要保护，需要重重门户阻挡外面的不速之客。“不速之客”（《易经·需卦》）四个字也来自《易经》，《易经》中很多术语都是我们现在还在用的。

舟车、武器、防备都出现了，接着就要设法安居乐业，譬如盖房子。古人大多住在山洞里，像古代的“司空”之官职，就相当于今天的建设部长，负责建设。为什么司空会变成建设部长呢？因为那时在北方靠山的山底下挖洞当作住处，后来认为负责挖山洞的就变成“司空”，进而成为负责建设的官职。

以前是挖洞，后来就发明盖房子住，否则住在原始的荒野或一般的洞穴是很危险的，没有什么保障。盖了房子之后，就可以安居乐业了。

再接着是丧葬仪式，因为人的生命发展到最后都要结束。根据《易经》的说法，人死了之后，就用很多柴草，把人一层一层裹起来，之后丢到荒野，也没有坟墓，更没有立一个记号，就这样不知道多少年过去了。甚至丧葬守丧的时间长短也没有规定，有的人难过几天就算了，有的人难过一辈子。这就说明了当时迫切需要有人制定一套基本的规范。

《孟子》书中有提到丧礼是怎么出现的，当然，孟子也是想象的，因为他不可能看过实际的情况。他说，上古时代，父母死了，就丢在山沟里。有一天，儿子上山经过一看，觉得很不忍心，因为狐狸在吃尸体，苍蝇、蚊子在叮尸体。做儿子的一看，父母的尸体被如此糟蹋，真是不忍心，不知不觉就冒汗了。冒汗就是因为心里不忍，于是开始有了葬礼仪式，好好挖洞把尸体埋起来。

孟子说的和《易经》所说的相互对照，就可以知道古代的情况。后来就发明了棺椁（内棺外椁），丧葬仪式也逐渐上轨道了。

接着是古代的信息问题。刚才讲过结绳记事，结绳记事就是结个绳子代表某些事情。但是它无法传之久远，隔段时间就不见了。后来发明文字，发明文字以后就可以记录，记录的许多事就变成古代历史的数据，慢慢留下来就可以对照。要衡量这个官做得好不好，如果没有过去的对照，便无从判断，因为没有数据。有数据就不一样了，老百姓可以知道以前这个官是怎么做的，因为有文字记下来了。

有文字之后，说话就不一样了，可以受教育了。但是，人类文字的发明也是很大的挑战。人生的困难常常是从认识字开始，应该说，仓颉造字之后，“天地动容，鬼哭狼嚎”。有了文字以后，人类开始进入不同的世界，文字思想的世界。

平常我们的世界就是每天的生活，今天要吃什么、喝什么、晚上要在哪里过夜？有了文字以后便开始会想，我们怎么跟别人比较、什么是比较好的方式。一切都有数据可以对照、可以讨论。

在人的生命中，文化为什么可以发展？因为可以摆脱当下的需求。如果每天只活在现在，吃了这一顿，不知下一顿，不可能有办法去发明、制作文化的产品。一定要能够共同合作，安定下来。

举例来说，我认真做桌子，做完之后，我可以拿桌子跟别人交换粮食。如果别人说：“不行，我耕的田、我种的粮食要自己吃，你做桌子就自己吃桌子吧。”如此一来，这种人类生活便将无法发展互助合作，也不可能往前再进步。因此，有些人专门从事文化的发展。

关于文化发展，西方有个理论非常好，叫作“文化起源于闲暇”。什么叫闲暇？譬如，今天下午你有空，有休闲的时间，你才可能发展文化。各种文化的产品都非常的精致精美，远远超过实用的需要。如果光要实用，一个茶杯、纸杯就可以用了。但用久了之后，有的茶杯还需要美观；除了实用之外，还需要用来欣赏。

我们日常生活当中，很多今天留下来的文化古迹，都是属于这一方面——实用之外还能欣赏。因为有心有余力，就能发展休闲生活，将文化生活往更高的层次改善。如此古代文明一步步下来，就好像我们今天看纪录片一样。

六、《易经》的卦象

《易经》虽然只有八个基本的卦，但是内容相当复杂。我们只要了解《易经》里面任何一卦，一看就知道它在说什么，就不会迷惑了。任何一套学问，都有基本的术语，基本术语没有学会，凭常识去了解，永远都不能入门。相对的，把基本术语学会，就像学数学、几何时，把基本的公理、定理学会了，后面就很简单，只是运算而已。

《易经》也是一样。从伏羲氏到神农氏，到黄帝、尧、舜，都是根据《易经》里的卦象来创造发明各种生活上的必需品，此后社会才能稳定发展。这是《易经》卦象最初的应用。

我们将来讲到《易经》每个卦的时候，都要练习联想，做非常丰富的联想，因为卦象的象征是无限的。为什么一个卦、六条线，就能这么特别？因为你先订好规则，决定好每个卦代表什么，并且可以重复使用。譬如，“巽”代表木头，同时又代表风。船之所以能在水上航行，因为上面是风，底下是水；风又是木头，木头就是船，所以船能在水上航行。

慢慢习惯这一套之后，平常跟他人来往或读书时，也同样会有各种联想力，整体的学习能力也会越来越强。

七、古代圣人的条件

最后我们再参考一下古代圣人的条件。

学《易经》的目的有三：

（一）提升自己的德行。

（二）培养自己的智慧。

（三）增强自己的能力。

古代圣人具备这三个条件。第一个谈德行，只有德行高的人，才能让天下人心意相通。“德行”基本上是帮助别人，我做好事，你做好事，被帮助的人当然会觉得开心，觉得我们很了解他。

我们都知道所谓的善恶，有一个最简单的定义方法：“善”就是替别人着想，“恶”就是自私自利。所以，宋朝的学者就提到“公心”和“私心”，只要你有公开的心、替别人设想的心，就是“善”；你有私心，什么都替自己着想，就变成“恶”了。

同样的，你有德行，自然而然会尊重别人、帮助别人，天下人就会与你情投意合。德行是唯一能够号召每个人来支持你的因素，否则即使能力很强，德行不够，就可能变成曹操。这样的人，天下人是不会服从接受的。相反的，你德行很好，能力不太强，照样能得到多数人的肯定。因为大家都知道，你上来会对底下的人都好。

古今中外都一样，德行是第一个条件，从儒家来解释，如此才能圆满。因为儒家讲的是“人性向善”，“向善”有一个基本原则，叫作真诚。你不真诚，所过的就不是人的生活，所做的就不是人的事，只是生物行为而已。吃饱喝足，只为自己的需要而考虑，所以跟人性无关。

一旦真诚，立刻就会发现自己跟他人之间有一种适当的关系需要去实现。我搭车时，看到老人家就会让座，为什么？因为我跟他之间的关系，他坐着、我站着比较适当。

我这么做有两种考虑：第一，将来我老的时候，别人也会让座给我；第二，不管将来会不会有人让座给我，我现在该让座，心里要求我就让。儒家讲求第二种，因为如果你讲求第一种，谁能保证年轻的时候经常让座，老了之后别人就会让座给你，这恐怕是幻想。这样一来，恐怕就没有把握，将来也不会愿意长期做下去了。

儒家讲“人性向善”，有一个重要的结果：当你行善的时候，快乐一定随之而来，这是最主要的关键。若以宗教来说，善恶的报应恐怕在来世、在将来的世界。而儒家讲善恶的报应，行善心安，心安的快乐最大。若是为恶，也许表面有利益，别人也许不知道，但是你内心放不过自己，会责怪自己，心里难过。而心里难过，就是一种恶报。

这就是成为圣人的第一个条件：以德行让天下人心意相通。

第二，有能力，才能安定天下人的事业。天下有许多事，像农田水利、开运河、造长城，都需要有能力。能力不够，长城垮塌，运河也无法航行。所以古代圣人讲求能力，这个能力一定要从基本要求慢慢磨练起，磨练之后，能力自然增强。

第三是智慧。《易经》除了德行之外，特别强调的就是智慧了。因为圣人必须为天下人判断他们的疑惑，为他们解除困惑。

人生充满困惑，每个人都是如此，尤其是年纪大的人，常常要回答年轻人的问题。回答不出来，代表你智慧不够，因为对方的问题不见得是你都经验过的。如果经验过，当然可以回答，这很容易，因为自己有经验。但是很抱歉，人怎么可能具备各行各业的经验呢？各种人生的经验如此复杂，你怎么可能完全具备。

孔子说："有鄙夫问于我"，有一个乡下人问我；"空空如也"，代表这个人非常诚恳老实的样子；"吾有知乎哉，无知也"，我有这个智慧吗？我有认知吗？其实我也是无知的。（《论语·子罕》）

孔子说自己是无知的，这跟西方的苏格拉底可以相呼应。苏格拉底表现得极为精彩，他曾说："神说我苏格拉底最聪明，是因为所有人里面，只有我一个人知道我是无知的。"这听起来像是反话。苏格拉底说只有他知道自己是无知，别人连自己无知都不知道，所以比他更无知。

孔子也说过“我无知”，但若是有人问他问题，怎么办？“叩其两端而竭焉。”他会就问题的两方面，要或不要、好或不好，仔细研究，然后给对方一个答案。通常我们回答问题的方法不在于回答，而在于分析。把问题分析清楚了，提问的人也知道该怎么回答了，因为只有提问的人才知道问题的答案在哪里。这就是儒家的智慧。

古代圣人的智慧要靠判断，而天下人的疑惑该怎么解决，这就牵涉到占卦的问题了。

【余韵】

在这一章之中，我们介绍了《易经》的由来，可以说把古代历史最早的一页做了说明。从最早的伏羲氏到尧、舜的阶段，可以看到文明的演化，一步一脚印慢慢走过来。其中关键是忧患意识，所以制作《易经》、制作这些卦象的人，心里就有忧患意识。忧患意识是儒家的特色，《中庸》里就提到：“天地虽大，人犹有所憾。”人的遗憾跟《易经》所说的忧患是同一件事。

为什么遗憾呢？自然界你不需理会，它自有生态平衡，有食物链的各种安排；而人类一旦出现问题，通常都是严重且多样。人类如果没有受适当的教育，始终不能安顿自己。遗憾和忧患就在这一点上。

我们看《易经》就知道，其中原来充满了这种忧患意识，在今天来说，还是有其效果的。今天很多人都会疑惑，自己活着意义在哪里？现代人什么都有了，物质生活不是问题，社会生活也已经上轨道了，但还是经常会问："人生有意义吗？"

因此，现代人抑郁症越来越严重，很多人什么都有，就是觉得生活没意思，每天好像都差不多，也没有生活的动力，感觉活着不活着差别也不大。而这就是我们要面对的问题：如何面对忧患，如何加以化解？

【《易经》小常识】

关于《易经》的传说：河图与洛书

河图洛书是中华文化、《易经》八卦和阴阳五行术数之源。相传在上古时期，龙马负图出于黄河，伏羲依此创"先天八卦"；大禹治水时，洛河中浮出一只神龟，大禹用它制成"九畴"（见《尚书·洪范》）。后世便以"河出图"、"洛出书"象征太平社会的祥瑞。

● 河图

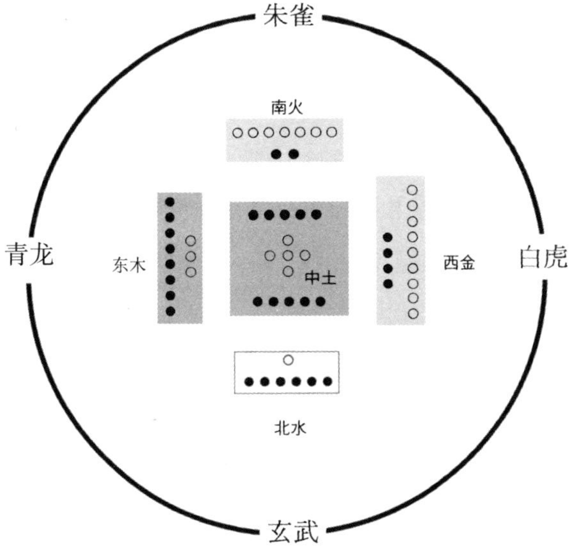

河图使用十个黑白圆点来表示阴阳、五行和四象，其图为四方形，分别为：

● 北方是 1 个白点在内，6 个黑点在外。五行为水，象为玄武。

● 南方是 7 个白点在外，2 个黑点在内。五行为火，象为朱雀。

● 东方是 3 个白点在内，8 个黑点在外。五行为木，象为青龙。

● 西方是 9 个白点在外，4 个黑点在内。五行为金，象为白虎。

● 中央是 5 个白点在内，10 个黑点在外。表示时空起点，五行为土。

其中，白点为单数（奇数）为阳，黑点为双数（偶数）为阴，阳数相加为 25，阴数相加为 30，阴阳相加共为 55，即万物之数皆由阴阳（天地）之数化生而来。

“四象”按古人坐北朝南的方向为正位，依次是：前朱雀、后玄武、左青龙、右白虎。此为风水象形之源。

● 洛书

将河图西方的八个数旋转，排成八方而为八卦，每方一个数纳地支十二气象，就是洛书。洛书的 1、2、3、4、5、6、7、8、9，阴阳和为 45，为五行天地万物生死存亡之数。

洛书将河图的四面化为八方，五行数位也相应起了变化：水一、火二、木三、金四、土五。阳数和为 9，阴数和为 6。所以《易经》卦爻中，阳爻称九，阴爻称六。阴阳数和为 15，为天地人三才五行之数。

第三章 《易经》的卦象

我自己学习中国古代经典的时候，把《易经》放在最后，因为它最难，也需要有某种生活体验才有可能理解；孔子也是五十岁才开始研究《易经》。虽然它的内容扼要，但其中的道理很深刻，需要对照生活经验才能够觉悟。

古人研究《易经》，往往把它当作老师或父母来面对，因为人到中年（五十岁）之后，父母年纪大了，老师也不在身边了，这时若需要别人给你指导、启发，怎么办呢？学习《易经》。所以，以我自己来说，会将《易经》当作我的精神导师。历代很多读书人也是一样，生活中少不了《易经》，尤其在五十岁左右。换句话说，学会《易经》，就可以得到古人智慧的精华。

接下来在这一章当中，我们就要谈到卦象了。如果不了解卦象，永远只能把《易经》当天书来看；了解卦象后，“虽不中亦不远矣”，也就是任何卦出现之后，都会知道上面是什么卦，底下是什么卦。念的时候有它特别的念法，像乾、坤这些卦，我们将来会谈到比较详细的部分，现在主要先介绍基本八卦的卦象。

一、先天八卦图

通常我们看到卦图会觉得很陌生，是因为不了解其结构。如果我们从最基础的部分去了解，《易经》六十四卦便难不倒我们。

我们经常可以在很多地方看到“先天八卦图”（见下图），看的时候，要以中间的太极图为核心，从内向外看，也就是把它的中心当作底部，由下往上看。《易经》的卦是由下往上画的，因为任何东西都应该先有根基，才能往上发展。就像小孩子慢慢长成大人，公司、企业、各个单位先从基层开始往上发展，这是一个基本原则。

先天八卦图中间是一个太极图，太极图黑中有一个白点，白中有一个黑点，称作“阴阳鱼”。鱼有眼睛，眼睛与身体的颜色是对照的，代表“阴中有阳，阳中有阴”，互相变化。换句话说，阴阳没有一定，要看你的位置而定，其本身代表一种力量，即创造力和发展力。

“先天八卦图”上面是乾卦，代表天，三条阳爻，三条横线非常充实。最底下三条阴爻构成坤卦，代表地。左边为离卦，“离”就是火，阴爻在中间；右边为坎卦，中间是阳爻，上下是阴爻。左下角是震卦，右下角是艮卦，左上角是兑卦，右上角是巽卦，阴爻在最底下的位置。

这基本的八卦又代表了八种自然现象：乾是天，坤为地，离属火，坎为水，震是雷，艮是山，兑是泽，巽为风。这就是“先天八卦图”。

二、八卦的象征意义（以乾卦为例）

基本八卦代表的意含，在《易经·说卦传》里有说明，我们先来看一下：

乾，健也；坤，顺也；震，动也；巽，入也；坎，陷也；离，丽也；艮，止也；兑，说也。

乾为马，坤为牛，震为龙，巽为鸡，坎为豕，离为雉，艮为狗，兑为羊。

乾为首，坤为腹，震为足，巽为股，坎为耳，离为目，艮为手，兑为口。

乾，天也，故称乎父；坤，地也，故称乎母；震一索而得男，故谓之长男；巽一索而得女，故谓之长女；坎再索而得男，故谓之中男；离再索而得女，故谓之中女；艮三索而得男，故谓之少男；兑三索而得女，故谓之少女。

乾为天，为圆，为君，为父，为玉，为金，为寒，为冰，为大赤，为良马，为老马，为瘠马，为驳马，为木果。

坤为地，为母，为布，为釜，为吝啬，为均，为子母牛，为大舆，为文，为众，为柄。其于地也为黑。

震为雷，为龙，为玄黄，为旉，为大途，为长子，为决躁，为苍筤竹，为萑苇。其于马也，为善鸣，为馵足，为作足，为的颡。其于稼也，为反生。其究为健，为蕃鲜。

巽为木，为风，为长女，为绳直，为工，为白，为长，为高，为进退，为不果，为臭。其于人也，为寡发，为广颡，为多白眼，为近利市三倍。其究为躁卦。

坎为水，为沟渎，为隐伏，为矫輮，为弓轮。其于人也，为加忧，为心病，为耳痛，为血卦，为赤。其于马也，为美脊，为亟心，为下首，为薄蹄，为曳。其于舆也，为多眚，为通。为月，为盗。其于木也，为坚多心。

离为火，为日，为电，为中女，为甲胄，为戈兵。其于人也，为大腹。为乾卦，为鳖，为蟹，为蠃，为蚌，为龟。其于木也，为科上槁。

艮为山，为径路，为小石，为门阙，为果蓏，为阍寺，为指，为狗，为鼠，为黔喙之属。其于木也，为坚多节。

兑为泽，为少女，为巫，为口舌，为毁折，为附决。其于地也，为刚卤。为妾，为羊。

每一个卦具体代表的意含，主要有五大部分：

（一）代表自然界的现象。例如，我们先看天下第一卦——乾卦（☰）。乾卦是三阳爻构成，代表自然界的天，天生万物；而坤卦代表地，是完成阶段。天和地分工合作，所以天代表创始的力量。在乾卦的《象传》说："天行健，君子以自强不息。""健"就代表生命力无限强大，因为乾卦都是阳爻，阳爻代表主动力，产生的力量自然很大，刚健不已。

另外，人类的观察首先就是天象，如日月星辰，尤其对日月的活动观察从来没有停过。因此，我们要知道，每一个卦都有自然界主要的现象作为其象征。

（二）代表性情。例如乾卦为"健"，刚健不已，生命力旺盛；坤卦为"顺"，代表柔顺。

（三）代表家庭关系。乾卦为父，坤为母。父母生了三男三女，也就是另外六个卦，分别代表长男、次男、少男、长女、次女、少女。

（四）代表人的身体结构。例如乾为"首"，坤为"腹"，因为母亲会生孩子，就像大地生产万物一样。其他的手、脚、眼睛、耳朵各有代表（例如震为足、巽为股、坎为耳、离为目、艮为手、兑为口）。把这些掌握住以后，将来占卦时才知道哪个卦代表什么身体器官。

八卦与人体部位对应关系图

乾为首、坤为腹、震为足、巽为股、

坎为耳、离为目、艮为手、兑为口。

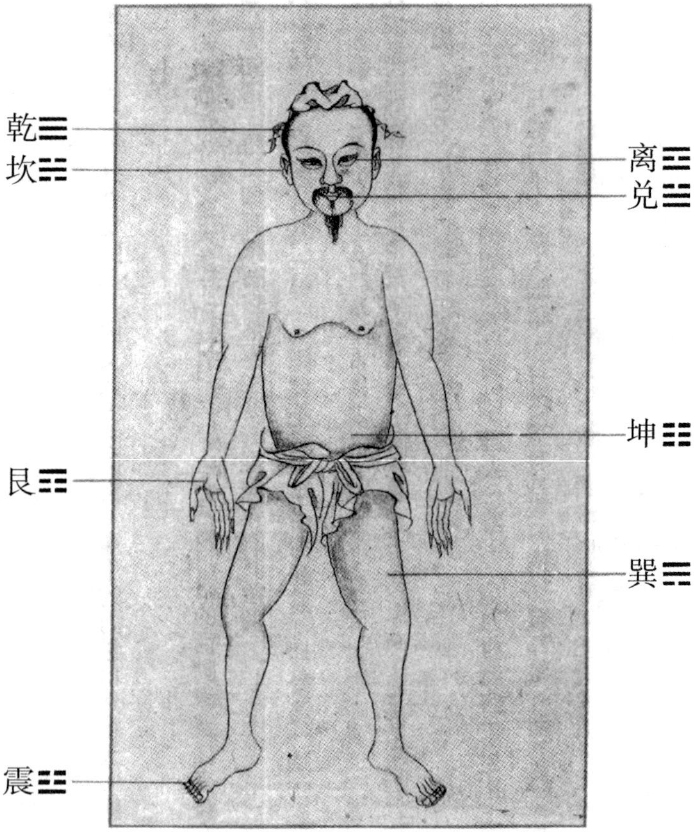

（五）代表某一动物。例如乾是马，坤是牛。所谓父母亲做牛做马，就是如此来的。为什么说乾为马呢？因为在古代，跑得最快、最久的就是马，马可以象征乾卦的“健行不已”。

八卦象征的八种动物

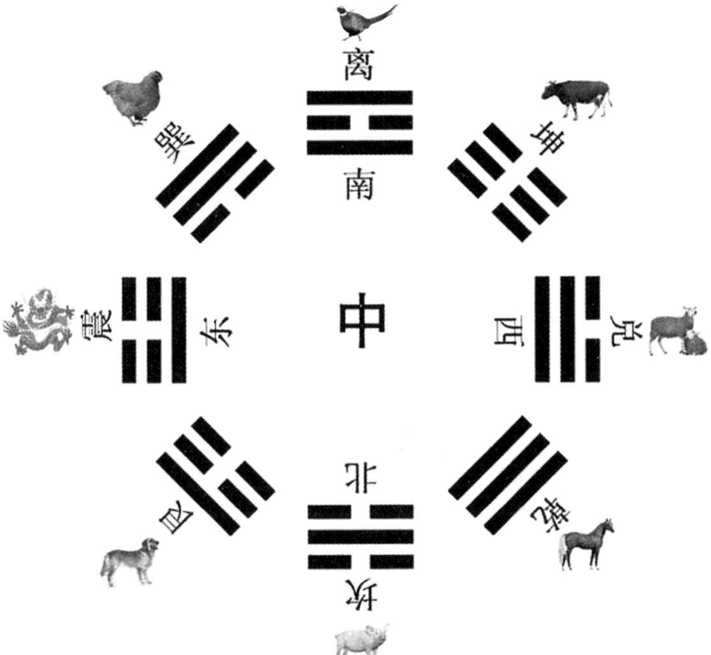

以上是从八卦的自然象征、基本性质，再延伸到人类的家庭结构和身体部位，以及周围的动物。至于底下延伸发展的象征就更多了，例如“君”。“乾”当然是国君，“坤”就是民众，有君就有臣或老百姓。乾卦也象征金、玉，代表非常贵重的东西；赤色是大红色，因为在古代红色是正色。

由此可知，了解基本八卦之后可以发现，每一卦所象征的意义都很清楚。每一个卦最基本的特征，一定都要记住，把它放在心上。因为将来看到基本的六十四卦，都是八卦两两相合，每一个卦都是六爻。我们现在看的每一个卦都是基本卦，把三爻基本卦都掌握住了，将来再加一倍，变成六爻的重卦时，就没有问题了。

例如离卦代表火，火是依附在别的东西上面的；在家庭里代表次女；身体部位代表眼睛，可以看到东西；在自然界代表太阳。像这些都要联想到。将来你会发现，用得最多的是卦象的特性，像离卦的“丽”，就会想到“依附”、“光明”，想到“大放光明”。

卦象的引申象征确实非常丰富，有时候需要联想，经过联想，就会发现原来是这个意思。这就好比生活上许多事不是一目了然，本来就有各种含义。你想东，他想西，问题是谁想得比较周全，谁就没有盲点。

三、坤卦的象征意义

接着是坤卦（☷），坤卦是三个阴爻，由下往上。坤是指地，特色是“顺从”；沙漠就是沙漠，河流就是河流，大地完全不会选择。你给它什么，它就发展什么，不论是种植稻米，还是小麦，大地完全接受，就像母亲一样。母亲是完全顺从、逆来顺受的。在家庭里面，坤卦当然就是象征母亲了，这就不用解释了。

在身体结构里，坤卦代表“腹”，也就是肚子。至于动物，就是牛，因为牛最顺从，能拉车，又能耕田，非常辛苦。再者，牛的特性也是顺从，任劳任怨。

另外，坤卦还象征“众”，即国君所辖的臣民；现在的坤卦代表民众，有国君就有大众。还有“布”，母亲要负责织布；“釜”，代表母亲要烧饭；“大舆”，大车就是牛车。古代的车分大小，大车是牛车，小车是马车，牛车可以载重，马车跑得快。

四、震卦的象征意义

为什么叫震卦呢？因为它的阳爻在底下（☳）。《易经》反映的是人类的思维模式，“物以稀为贵”，哪一个爻比较少，越少的越贵重。震卦三爻，底下一个是阳爻，上面两个是阴爻，阳爻比较贵重，所以这个卦就叫“阳性卦”，属于男性。底下第一个爻从下往上，叫作“初”，是为长男，家中第一个男孩。我们讲到女性的阴性卦的时候，也是一样的方式。

“震”代表雷，打雷是震动，让大家都注意到长男诞生了，将来要继承位置的。震卦的特性就是“动”，因为春雷乍响，万物又重新开始了生机。那么，哪一种动物最像长男呢？我们常说

"望子成龙"，因此当然就是龙了。龙也代表青色、青黄色。震卦的身体部位是"足"，"足"就是脚；也代表"大涂"，即大马路；"急躁"，耐不住安静。还包括"善鸣马"，叫的声音很响，它一叫，大家就知道它来了。

五、巽卦的象征意义

有长男就有长女，长女是哪一卦呢？巽卦（☴）。巽卦初爻是阴爻，上面两个阳爻，物以稀为贵，叫作"阴性卦"，代表长女。

巽在大自然中象征风，风代表空气，有天有地，又打雷的，当然还有空气。空气的特性是"入"，"入"即是任何一个地方都有空气，代表非常顺利，长女做任何事都很顺从。但与母亲的顺从不一样，坤卦的顺从是我顺着你，而巽卦的顺从本身没有什么立场，什么地方需要它，它就在那里，是无所不入的。

代表巽卦的动物是鸡。我们都知道，鸡和人类很亲密。测风向时，很多地方都会竖一根竹竿，上面画一只鸡的样子，我们叫"风鸡"，用来察看风向何在，因为它是巽卦。

我们的身体哪一部分属于巽卦呢？就是"股"，即大腿。"股"本身不能动，只是顺着脚走，脚怎么走，大腿是配合的，跟它作为风本身顺从、没有主张，有相当的关系。

巽卦的其他象征还有“绳直”，像木头一样直，代表“木”，树木的“木”。还有“进退”，风本身有前进有后退，没有什么特别坚持的立场。另外还有“不果”，就是没有结果，没有任何具体的成果表现。还有“近利市三倍”，如果要做生意，占卦出现了巽卦，很好，恭喜你有利可图。

这就是巽卦，它代表风，代表无所不入，非常的柔顺。但是就因为顺利，也没什么特别的结果，变成进退不定，任人摆布。

从这里我们就可以知道，每一个卦发展出来都有优点和缺点，就好像星座一样，每个星座都有优点和缺点。在家庭结构中，你总是扮演某个身份的角色，我们不能说哪个角色一定完全好。例如在古代，长子有长子的压力，因为他被寄予重任，要继承父亲的位置，压力很大，使得有时候很难发展出自己的个性。

六、坎卦的象征意义

接着，我们看坎卦（☵）。坎卦就是水，代表次男。坎卦的三爻里面，中间那爻是阳爻，上下是阴爻，显然是一个阳性的卦。

坎者，“陷也”。当你看到水的时候，不知道它有多深，有时表面好像很浅，其实里面有漩涡。所以坎代表陷阱、危险，一般看到坎卦都会有所警惕。坎卦象征人的耳朵，因为耳朵可以集聚声音，就好像水可以聚在一起，哪个地方比较低，水就聚在一起。

在我们周围的生物当中，坎卦象征“豕”，即猪。这些古代的象征，一看就知道是从渔猎社会到农耕社会的一个过程中，选一些熟悉的生物来作为每个卦的象征。我们都知道，猪喜欢潮湿、黑暗的地方，可以好好睡觉。在心理学上，次男是很难做的，上有哥哥，下有弟弟，所谓两头受气。

在其他象征方面，坎代表月亮，也代表强盗，为什么？危险。古时候人就是怕强盗，没有什么复杂的对立因素。接着，坎是“沟渎”，即水沟，人有时候看不清楚它有多深。所以碰到坎卦的时候，又有危险，又可能有强盗，令人忧愁。坎也是“美脊马”，背脊很漂亮；再者是“多眚舆”，也就是多灾多难的车子。

我们占卦的时候，有时会很紧张，希望不要占到坎卦，因为坎卦一出现，就代表不会那么平顺，会有各种麻烦。但是也不用担心，危机有时候就是转机，就看你如何去面对。这就是坎卦。

七、离卦的象征意义

接着当然就是次女了，也就是离卦（☲）。离卦三爻中一个阴爻居中，两个阳爻各居上下，以阴爻为主，是阴性卦。

离卦在自然界代表火，特性为“丽”，“附丽”，依附的意思。因为火不能独立，离不开可燃烧的材料。在路上看到鬼火在飘，那并不是真正的独立，而是因为有磷。小时候住在乡下，一到傍晚，经过坟墓区时看到鬼火，小朋友们都很紧张。长大之后才知道，那是因为坟墓里的骨头含磷，到了一定温度就会燃烧。

最像离卦的生物就是“雉”，野鸡。在古代，“雉”是很美丽的一种动物。我们刚刚提过，长女的象征是“鸡”，鸡是养在家里很乖的一种动物。而次女就不太乖了，就要当“雉”，打扮得漂漂亮亮的，反正姊姊把家务都做完了，次女就可以表现一下了。

在身体上，离代表眼睛，因为火代表光明，能让你看到东西，感受到光明。离卦也代表“日”，太阳。另外它还代表闪电，闪电就有亮光；还有甲胄、戈兵，这是打仗用的，因为水火无情，火即是战火。离卦也演变出很多复杂的东西，例如“大腹人”，也就是肚子特别大的人，因为它跟乌龟很像，乌龟可以拿来占卦、占卜。这是离卦的象征。

八、艮卦的象征意义

我们继续看最后两个卦。最后两个卦，当然就是少男、少女了。代表少男的是“艮卦”（☶），艮卦是阳爻在上，第三个位置。艮就是山，我们平常看山的时候，不会看山脚，而会看山有多高，看山的棱线；平常画山的时候，也不会清楚地描绘山脚，而是勾画山的上方。所以，上面是实的，底下是虚的，这就是艮卦，代表山。

山的特性是“停止”。古人没有办法越过高山，所以看到高山只好停下来，在山脚下筑室而居，不会想去翻山越岭。身体上什么地方可以让人停止呢？手，例如用手挡住对方接近，所以手就是“艮卦”的身体部位象征。

在我们所了解的生物里，哪一种可以帮我们挡住别人呢？当然是狗。狗可以看门，让人不再前进，这是最基本的象征。再引申就会发现艮代表“门阙”，即门坎；也代表小路，小石径路（震卦代表大马路，艮卦是小径）；还代表“果蓏”，即果实；代表“黔喙之鼠”，即嘴巴是黑色、尖尖的老鼠。

除了卦象的基本五大意含之外，后面引申的象征就很复杂了，因为这些引申象征往往具有相对性，要相对于别的卦象象征才有用。例如，长男代表龙，将来可以接位子；长女比较辛苦，代表鸡，要做很多家事；次男没人管，就当猪好了；次女就打扮得漂亮一点，当雉；少男若是当狗，少女就是当羊了。

九、兑卦的象征意义

最后是第八个卦兑卦（☱）。兑卦在自然界中代表沼泽。我们比较容易疏忽的就是沼泽，因为其他卦听起来都很熟悉，上有天、下有地；长男就是雷，长女就是风，次男就是水，次女就是火。天、地、雷、风、水、火，这些我们都很熟悉。而艮代表山，谁没有看过山呢？

兑卦代表“泽”，沼泽的泽。古时候有很多沼泽，泽与水不一样，坎卦的水是流动的，是危险的水，但是沼泽是安静的、静止的。古人或其他的生物看到沼泽都很开心，所以兑即“悦”。看到沼泽很开心，是因为大家都需要水，有水才能生活。

在家庭里，兑代表少女；人体部位代表口，因为要让别人开心，就要说话。我们与人来往，多说好话，别人一定会开心。不说话光用眼睛或其他手势，都是不够的，一定要说话，说好听的话让别人开心。

兑卦代表的生物当然就是羊了，羊最柔顺，就跟小女孩一样。这是兑卦最基本的象征。

然而，兑卦延伸的部分就比较复杂了，例如“口舌是非”。既然是口，当然会有“口舌是非”了。讲话可以讲好话，也可以是坏话，到最后传了很多八卦消息，都是从口出来的。另外还有“毁折”，说别人的坏话或是说东西坏了，都跟这方面有关系。兑卦也代表“巫”、“妾”，“妾”年纪较轻，跟少女有关。

从以上来看，就可以大概了解，原来古人真是聪明，用八个基本的卦象，将天地各种现象都表现出来了。透过阳爻、阴爻之主动、受动互相配合，不断变化，推动世界的变迁发展。

【余韵】

“先天八卦图”所代表的是一个基本的结构，古人编了一个口诀，有利于记忆：“乾三连，坤六断；震仰盂，艮覆碗；离中虚，坎中满；兑上缺，巽下断。”

这个基本的八卦，我们一定要很熟悉，平常多看几遍，多想一想每个卦代表什么、在自然界是什么现象，以及它的基本性质。接着，在家庭里，它代表什么样的角色、位置，代表身体上哪一个部位，以及哪一种生物，然后引申出其他基本观念。这么一来，就能掌握到《易经》的密码，再以基本的三爻卦为基础，合成标准的六十四卦六爻卦。如此，我们就开始进入一个非常复杂而有趣的《易经》世界了。

【《易经》小常识】

关于爻的一些术语

● 内外卦

六十四卦是由八个经卦（三爻）两两相重，合成六爻卦。底下的三爻卦称为“内卦”或“下卦”，上面的三爻卦称为“外卦”或“上卦”。在念的时候，要由下而上，念成“初、二、三、四、五、上”，阳爻念“九”，阴爻念“六”。例如乾卦（六爻皆阳）要念成“初九、九二、九三、九四、九五、上九”；坤卦（六爻皆阴）要念成“初六、六二、六三、六四、六五、上六”。

● 当位

由下往上，“初”、“三”、“五”是阳位或刚位；“二”、“四”、“上”是阴位或柔位。阳爻或阴爻在其适当位置，就称为“当位”。如：初九、九三、九五，六二、六四、上六，都是当位。否则就是不当位。

● 应

内外两个小卦之间，有其相对应的爻，如“初”与“四”、“二”与“五”、“三”与“上”。两者若是阴阳相应，为“吉”。相邻的两爻，称“比”。

● 乘与承

上对下为“乘”，下对上为“承”。一般认为，阳乘阴，阴承阳为佳，反之则为不顺。

● 得中

内外两小卦皆有中位，亦即“二”与“五”。凡得中者为佳，表示言行合乎中道。

● 三才

六爻卦由下往上每两爻一组，形成“地、人、天”三才。其在空间上，可分为天道、地道、人道三个层次；在时间上，代表未来、现在和过去。

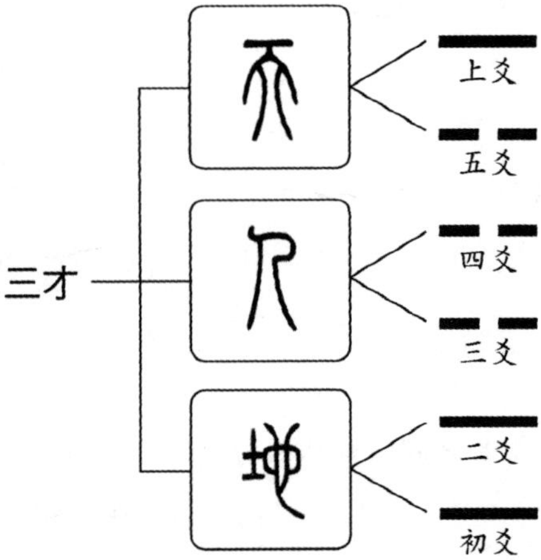
三才
上爻
五爻
四爻
三爻
二爻
初爻

第四章　自强不息——乾卦

在金庸小说里，有一部叫作《射雕英雄传》，主角郭靖向丐帮帮主洪七公学习武功，名叫“降龙十八掌”。“降龙十八掌”一出手，天下没人挡得住。在“降龙十八掌”里，就有好几个掌名与《易经》的乾卦有关，像是“潜龙勿用”、“见龙在田”、“龙跃于渊”、“飞龙在天”，以及最后一招最厉害的“亢龙有悔”。

说实在的，就是请来金庸大侠，他也不知道怎么使出这些招式。武侠小说本来就是虚构的，各种武功描写得神之又神，大家看了很是羡慕、崇拜。但是，它基本上来自《易经》的启发，乾卦六爻有五个爻都被他用上了，变成降龙十八掌里面的五掌。今天，我们就从这里开始，详细说明这“天下第一卦”——乾卦与自强不息的关联。

一、乾卦卦象和卦辞

“自强不息”就是乾卦基本的启发。乾卦六爻皆阳（䷀），代表无限的生命力，整个宇宙能够开始，就是由乾卦创始的。“乾”代表天，“坤”代表地；乾卦六爻皆阳，坤卦六爻皆阴。这两卦是最标准的、最基本的，所以我们要做比较完整、充分的介绍。其他六十二卦都是阴阳交错，或阴阳分配在特定的位置。

看到阳爻，就会想到它的基础在于乾卦，是标准六爻皆阳的阳性卦；看到阴爻，就要想到坤卦。所以说“乾、坤”是进入《易经》的门户，意思就在这里。不懂这两个卦，没有彻底了解，就不知道后来在说什么。在《易传》中，对乾坤两卦的解释特别多，比其他卦多了好几倍，目的就是希望大家一开始能掌握住基础。

乾卦六爻的念法要由下往上，即“初九、九二、九三、九四、九五、上九”。我们可以发现，第一爻跟第六爻不讲“一”跟“六”，“一”要念成“初九”或“初六”，六要念成“上九”或“上六”，其他的则是“六（九）二、六（九）三、六（九）四、六（九）五”（“九”代表阳爻，“六”代表阴爻）。这是标准念法，将来碰到任何一个卦，都要照着“初、二、三、四、五、上”来念。

“九”为什么代表阳爻？在此简单说一下。古人看数字“一”到“十”，当中一、三、五、七、九是奇数。阳代表奇数，阴就是偶数。阳爻是生命力，生命力要发展到极限，所以要以“九”为主，因为它是众奇数中最强的，因此用“九”代表阳爻。

那么，阴爻为什么称“六”，而不称“八”或“十”呢？因为阴爻是以静、安静为主，所以要趋于保持平衡，而六正好位于众偶数的中间（二、四、六、八、十），保持平衡。因此，阳爻称“九”、阴爻称“六”是这样来的。关于这些说法有很多，这里介绍的是最容易理解的一种。由此使得《易经》的读法很简单，每一爻都有它的名称。

翻开《易经》，我们会看到每个卦象之后都有一句话，这句话很短，往往只有几个字。譬如乾卦只有四个字：“元、亨、利、贞。”这四个字叫作卦辞，卦辞是在说明整个卦的含义。

乾卦的卦辞，首先是“元”。“元”代表创始，就是宇宙万物的创始。只有在乾卦里，“元”才代表“创造”，在别的卦中的“元”，指的就是“开始”。其次是“亨”，代表能够通达。因为万物都来自乾卦，当然有路可走，万物都可以通达。第三是“利”，代表适宜。每个东西都有它适宜的时间和空间，都有它适宜的发展路线和方向。

再来就是“贞”。在《易经》当中，“贞”可以有两种理解：其一，“贞”就是问，占卦；其二，“贞”就是坚固，能够坚定地在自己的立场上不动。一般觉得第二种解释比较合理，因为前面讲创始、通达、适宜，后面讲坚固，代表万物可以长久发展。这就是乾卦的卦辞。

根据乾卦的卦辞，我们就可以知道它代表着无限生命力的创造和发展。接下来将介绍乾卦六爻的爻辞。每一爻都有一句话，亦即爻辞。我们且看详细的解释。

乾卦六爻详解

初九。潜龙勿用。

九二。见龙在田，利见大人。

九三。君子终日乾乾，夕惕若；厉，无咎。

九四。或跃在渊，无咎。

九五。飞龙在天，利见大人。

上九。亢龙有悔。

用九。见群龙无首，吉。

乾卦卦象

● 初九。潜龙勿用。

“潜龙勿用”意即“龙潜伏着不要有所作为”。为什么在乾卦里讲到“龙”呢？《易经》有很多“龙”吗？并没有。乾卦里讲到“潜龙勿用”、“见龙在田”、“飞龙在天”、“亢龙有悔”、“群龙无首”，坤卦里也讲到“龙战于野”，之后的卦就没有再讲到龙了。

前面谈过，震卦的象征是龙。龙在古代是三栖动物，在水、陆、空都可以生活。最特别的是，龙代表变化无穷的力量。作为一种生物，龙在古代真的存在吗？答案是肯定的，在古代的确有龙这种生物。如果没有龙，古人又怎么会用这个字呢？不仅如此，说到龙的时候，别人怎么听得懂、怎么沟通呢？

孔子拜访老子，是一段很有名的故事。拜访老子之后，孔子回家对学生说："我见到龙了。"他是以比喻的方式说老子像龙一样，一方面"神龙见首不见尾"，太厉害了，老子的境界太高了；另一方面是"乘风云而上天"，代表龙的特色，乘着风云到天上去了。

在其他典籍中也提到龙，但不是作为神话传说。例如在《庄子·列御寇》里写道：有一个人专门去拜师，学习"屠龙术"（金庸的《倚天屠龙记》大概就是从这里得到的启发）。这个人为了学屠龙术，散尽家财，最后终于学会了。但学会之后，才发现已经没有龙可以屠了，龙都不见了。

同样是在《庄子·列御寇》中，庄子说有一个人住在河边，他的儿子潜到河水中，找到一颗宝珠。做父亲的立刻对儿子说："拿石头来敲碎它！千金宝珠一定藏在九重深渊黑龙的颔下，你能取得宝珠，一定是刚好它在睡觉。如果黑龙是醒的，你还能保住小命吗？"

当然，这两个故事是庄子所讲的寓言，但是如果没有龙，没有人知道什么是龙，寓言讲给谁听？可见，古代的确有龙这种生物，而且还有一种水官（负责管理水生物的官），就是负责养龙的。因为龙不好养，能潜水，能到陆地，又能飞上天，到最后就找不到了。

在这一爻中，"潜龙勿用"关系到个人人生的发展。例如，你今年十九岁，还不到二十岁，不到“二”字头，就叫初九。这时应该做什么呢？读书。读书时期就不可能有所作为，这时候若要有所作为，也没有发展的地方。因为往上一看是五个阳爻，一个比一个厉害，根本无路可走。乾卦的初九，往上一看全部是阳爻，并不是只有自己是阳爻，就算有生命力，也会被上面统统挡住。所以不要急，“潜龙勿用”，慢慢修炼，时候到了，自然会有机会的。

● 九二。见龙在田，利见大人。

意即：“龙出现在地上，适宜见到大人。”“大人”是谁？大人就是有德行、有地位的重要人物；古人一般讲故事的时候，就会提到舜。舜的生平最重要的转机是遇到尧。尧遇到舜，知道有人可以接替他的位置，把天下治好。而舜碰到尧的时候，就是九二。

“见龙在田，利见大人”，就好比一个大学毕业生，约二十岁到三十岁之间，本身是一个人才，但经验还不够，这时就得靠人赏识。但是别人再怎么赏识，还是在二的位置，因为不要忘了，上面还有四条龙。在二的位置已经很好了，因为六爻中最好的位置是二和五。

六爻卦是两个三爻卦组成的，二位于下卦的中间，五在上卦里也是中间。中间的位置往往最好，因为不会直接接触到外面的各种挑战。所以二和五一向被认为是最好的位置。

一般来说，九二很不错，已经是“龙”出现在地上。大家一看这是个人才，适宜见到大人。有人赏识是关键，等于有君之

“德”，而没有君之“位”。像这样九二再往上，就是九五了（跟九二相对的是九五）。

我们看“初九。潜龙勿用”和“九二。见龙在田，利见大人”就知道，初和二的位置代表地。初九是在地的下面，叫作潜龙，等于是潜在地底下。一方面在地，另一方面在地的底下这一爻，所以变成潜龙。

九二不一样，也是龙，但是已经出现在地上了。在地上面这一爻，“见龙在田”，“田”就是地。同样是“地”，每一个位置却差很多。千万不要认为初九、九二差不多，其实差得太多了，就年龄来说，有时候一差就是十年。假设你今年六十岁，到了“上”了，就准备退休吧，你不退休，别人怎么上来？

● *九三。君子终日乾乾，夕惕若；厉，无咎。*

意即：“君子整天勤奋不休，到了晚上还是戒惕、谨慎。如此一来，有危险但没有灾难。”

在乾卦中，最上面两爻五和上代表天；初和二代表地；中间的三和四就是人。处在人的状况就是最危险的时候，因为三在下卦的上边缘，四在上卦的下边缘，在边缘就有危险，因为它有各种选择性。

同样的，人在天地之间，天地比较稳定，人在中间就可以做选择，可上可下，就看自己的做法。所以一到九三和九四，就出现很多变化的可能性。我们说自然界的阶段是必然的，到了人的阶段，就变成有自由了。

九三爻辞说“厉无咎”，“无咎”就是没有灾难。《易经》所谓的占卦，提到没有灾难就不错了。要想没有灾难，必须整天勤奋不休，晚上还得戒惕谨慎，就这么简单。如果没有做到这两点，将来灾难就会出现。

我们看《易经》的时候，每一个爻都会告诉你一句话，代表你在这个位置，必须看上面和底下，然后思考应该怎么做。若是不做，后续会如何发展，它也会给你一个很明确的提示。

“整天勤奋不休，到晚上还要戒惕谨慎”，等于是人生从三十岁开始的阶段。这是最辛苦的时候了，这个时候如果不奋斗，将来就不可能有五十岁以后的“飞龙在天”（九五爻辞）。也就是说，人生是一个连续的整体，可以用各种方式来看。一个人生命的发展，到三十岁出头和四十岁之前，就叫作“九三”。

整天勤奋不休，晚上还戒惕谨慎，但是还有危险，因为竞争激烈。社会上的竞争与学校里的竞争完全不一样，以学校里的竞争来说，假设在这间学校是最后一名，换到另一间学校，说不定就是第一名。而社会上的竞争，有时候成功就成功，失败就失败。所以，三这个位置特别紧张。

● 九四。或跃在渊，无咎。

意即：“或往上跃升，或留在深渊，没有灾难。”

九四到了上卦，已经展现出这个卦的特色了。《易经》的卦有六爻，底下三爻是打基础的，把基础打好之后，上面三爻则是把卦的特性真正表现出来。再加上底下是一个一个从基础慢慢往上走，到了四这个位置，已经是主管阶层、王公贵族了，这时怎么办呢？还是要谨慎，因为你还处在中间的位置。

一般来说，在《易经》当中，九四的位置要特别小心，用三句话来讲就是：“上不在天，下不在田，中不在人。”由这三句话就知道它的意思：九四“上不在天”，天是五和上；“下不在田”，田就是地，地是初和二，脚踩不到地；“中不在人”，为什么中不在人？九四不是在人的位置吗？因为人的位置应该踩在地的位置上，而九四在人的位置上方，也没有踩到地上。

可见，九四的位置特别紧张，“上不在天，下不在田，中不在人”若是用来形容现代人，则可以再加一句“内不在己”，也就是不知道自己是谁。

九四的位置也正是现代人的困扰，在此可以再做引申，因为这句话有很深刻的意思。现代人的困扰何在？首先，“上不在天”，与神明、信仰、祖先都好像隔阂了。有时候，你会问自己到底相信什么？人死了之后，还有不同的世界吗？你并不清楚。

“上不在天”，说明我们与我们的来源隔绝了，“下不在田”讲的是我们跟自然界的关系。现今首重经济发展，而自然生态呢？经济发展之后，自然界受到破坏，这是众所皆知的事实。

接着，“中不在人”，我们与他人之间产生了隔阂。我们平常有很多朋友，但是没有知己。或者说，大家之间都是表面上客气，其实不见得真正能有默契。最后，“内不在己”，连自己是谁也不清楚。现在很多人都有心理方面的困扰，甚至出现抑郁症。

古人已经提出，作为一个人，要特别小心，虽然到了中间的位置，各方面都稳固了，但是第四爻是“或跃在渊”，或往上走，或往下走，就在这个时候。

我们可以再引申到孔子的思想做进一步说明，孔子说他“三十而立，四十而不惑”。大多数人在四十岁的时候，会开始出现对人生的各种迷惑。以前没有迷惑，是因为以前都照规矩来，该读书就读书，该做事就做事，该听话就听话。到了四十岁，该是自己做主了，这个时候就特别困难了。该怎么做决定呢？是往上还是往下？往下比较安全，不用再奋斗；往上就得继续努力了。由此可见，到九三和九四的中间位置，特别值得警惕。

● 九五。飞龙在天，利见大人。

意即：“龙飞翔在天空，适宜见到大人。”

到了九五就不一样了，“飞龙在天，利见大人”。一般人都很喜欢“飞龙在天”，我们平常说的“九五之尊”，就是从这里来的。九五是最高的位置，其上的上九就不好了，因为要准备离开乾卦了。整个卦的运动是由下往上，上面的位置高处不胜寒，因为就要被推走了。推走了之后，这个卦才能继续变化。

宇宙毕竟没有停下来的时候，所以我们在年轻时不要着急。如果太着急，一下子就到上面去，也坐不住的。年轻的时候，要等待机会。

那么，只有年轻的时候，才算“潜龙”吗？不是的，潜龙不见得一定要年轻。我们都知道诸葛亮，他隐居的时候，别号“卧龙”，就跟潜龙有关。别人称他“卧龙先生”，代表这只龙还没有开始运动，还没有开始飞翔，卧在那里等待机会，等到刘备三顾草庐，他才出来。

因此，一个人要懂得“潜龙”，还要看时代、局势的变化。时代要是不好，即使有才华，也要当潜龙。现在很多人中年转业，原本在本行做得不错，但是因为时代改变了，“穷则变、变则通”，所以要换新工作。年纪虽然不小了（四五十岁），但是换了新工作，还是从头开始——“潜龙”。

换句话说，龙潜在水里面，不要有所作为，这种说法不仅是针对年轻人和小孩子，还包括像诸葛亮这种碰到乱世或中年转业、从头开始的情况。如果不能一开始好好潜伏，等待各种条件成熟，就想有所作为的话，之后一定会有危机。

由此可知，我们看到《易经》的每一卦的每一爻时就要思考：这对我现在的处境有什么启发？

到了九五，“飞龙在天”，是最好的状况了，在上卦的中间，可以统摄整个局面，底下也都得听九五的。等于是五十到五十九岁正好当上一个部门的最高主管，而眼前的阶段是之前累积的德行所展现出来的效果。

但是不要忘了，为什么九五“利见大人”，跟九二一样？因为好的领袖也需要好的属下配合，否则一个人唱独角戏，也唱不下去的。可见，九二代表舜碰到尧，尧提拔他；九五代表尧碰到舜，赶快提拔他，也就是舜一来就传位。所以后代说“尧天舜日”，人们才有好日子过。

● 上九。亢龙有悔。

意即：“龙飞得太高，已经有所懊恼。”往上到了上九，龙飞得太高，就好比一个人到了退休的时候，才发觉没办法发挥自己的理想了，要让位了。

如果不曾坐过高位，就不知道什么叫让位。让位是很大的压力，我再过几年就要退休了，看到年轻的学生慢慢上来，有时候也会想：“他们在想什么？是不是想说：‘你怎么还不走？我等好久了。’”因为我以前也这么想：老师怎么还不走呢？他们不走我们怎么有机会呢？一报还一报，现在换别人问：“为什么你还不走呢？”

可见，“亢龙有悔”是因为没办法找到人帮忙，你已经过了最高的位置，已经没有实权了，必须退休养老，让别人来做。这是世代交替自然的道理，也是人生应该考虑的规则。所以才会有“亢龙有悔”。

以上就是乾卦的爻辞，由此我们可以得知《易经》每一卦六爻的时间和空间概念。有一点要因必须特别注意，在乾卦中还特别加上一句话：“用九。见群龙无首，吉。”意思是：用在乾卦整体，显示六个阳爻无首无尾，吉祥。

在《易经》六十四卦中，只有乾卦另加“用九”，坤卦另加“用六”。这两卦为六爻皆同的纯阳卦与纯阴卦，所以可以使用（或贯通）于全卦各爻。

“群龙无首”代表一往平等，因为从下到上都充满活力，每一个都是阳爻，每一个都是同样的机会。这些龙不分首、不分尾，无首无尾，没有人是头，没有人是尾，整个社会构成一个圆满的循环，就像老一辈、年轻一辈，都是人类社会发展不可缺少的。在《易经》乾卦中可以找到生命的活力。

二、真诚：闲邪存其诚，修辞立其诚

我们接触了《易经》的卦辞和爻辞，但还是不知道它在说什么，这时就需要了解《易传》，即孔子和后代学生用《文言传》、《彖传》、《象传》等“十翼”来加以说明的文字部分。例如，《文言传》只有乾、坤两卦，其余六十二卦都没有《文言传》的介绍。

何谓文言？就是用文字加以介绍。既然只有乾、坤两卦，可见这两卦最重要。《文言传》介绍得很精彩，也非常详细，例如，乾卦《文言传》原文如下：

初九曰“潜龙勿用”，何谓也？子曰：“龙德而隐者也。不易乎世，不成乎名，遁世无闷，不见世而无闷。乐则行之，忧则违之，确乎其不可拔，潜龙也。”

九二曰“见龙在田，利见大人”，何谓也？子曰：“龙德而正中者也。庸言之信，庸行之谨，闲邪存其诚，善世而不伐，德博而化。《易》曰‘见龙在田，利见大人’，君德也。”

九三曰“君子终日乾乾，夕惕若；厉，无咎”，何谓也？子曰：“君子进德修业。忠信，所以进德也；修辞立其诚，所以居业也。知至至之，可与言几也；知终终之，可与存义也。是故，居上位而不骄，在下位而不忧。故乾乾因其时而惕，虽危无咎矣。”

九四曰“或跃在渊，无咎”，何谓也？子曰：“上下无常，非为邪也。进退无恒，非离群也。君子进德修业，欲及时也，故无咎。”

九五曰“飞龙在天，利见大人”，何谓也？子曰：“同声相应，同气相求；水流湿，火就燥；云从龙，风从虎；圣人作而万物睹。本乎天者亲上，本乎地者亲下，则各从其类也。”

上九曰“亢龙有悔”，何谓也？子曰：“贵而无位，高而无民，贤人在下位而无辅，是以动而有悔也。”

在九三、九四时怎么办？很简单，就四个字：进德修业。很多人认为，“进德修业”是用来鼓励年轻学生的，其实不然。“进德”是增进德行，“修业”是树立功业。古人讲“修业”并不是回家写作业，写作业的只有年轻学生。到九三、九四的时候，“修业”代表功业、事业，对百姓要开始好好做一些事了。有功业，有事业，就有前进的方向。所以我们在学《易传》的时候，会得到启发。

我自己学《易经》时，读到乾卦的《文言传》非常开心。我们讲儒家的时候，很喜欢强调真诚，但怎样才叫作真诚？每个人都认为自己真诚，但你怎么知道自己是不是真的真诚呢？最后就变成是主观的一厢情愿了。我学到《易经》的乾卦时，才知道真诚有两个重点：

第一，“闲邪存其诚”，防范邪恶以保持内心的真诚。换句话说，如果要真诚，就要跟邪恶势不两立，你绝不能说：“我很真诚地做坏事，我很真诚地抢银行。”只要知道作弊、抢银行是坏事，就不能说很真诚地做坏事，因为真诚跟邪恶势不两立。

一个人明明知道什么是坏事，如果还做，就不真诚。他不能说做坏事也是很真诚的，那是错误的说法，不能被原谅。所以，真诚是要跟邪恶势不两立的。

第二，“修辞立其诚”，修饰言词以确保其诚意。要建立真诚，要修饰言辞。因为“言为心声”，说出来的话就代表心里的意思，所以要小心怎么说话。

“病从口入，祸从口出”，说话有时候不要太夸张。孔子常常提醒我们，刚毅木讷，才接近人生的正路（原文是：“子曰：‘刚、毅、木、讷，近仁。’”《论语·子路》）。如果口才非常好，小心了，孔子说：“巧言令色，鲜矣仁。”（《论语·学而》）意思是说：“说话美妙动听，表情讨好热络，这种人很少是真诚的。”“仁”即真诚，这是儒家的重点。

因此，要记住，说话很好听，表情热络，但是内心一定要真诚。我现在不管是教书还是演讲，有时候觉得自己就是“巧言令色”，讲话尽量让别人听得很开心，愿意听。但是我提醒自己要真诚，我讲的每一句话，都是我内心愿意说的、想清楚才说的。

这就是《易经》乾卦《文言传》所说的“闲邪存其诚，修辞立其诚”。前者是“行”，行动与做事；后者是“言”。人生就是两件事，“言”和“行”。也就是说，一个人做事的时候，一定跟邪恶势不两立，说话能表达得恰到好处，内心的情感不多也不少。这就是儒家对我们的要求。

说到跟邪恶势不两立，很多人会问，万一不知道什么是坏事怎么办？“不知者无罪”，当然就不能怪他了。西方哲学家苏格拉底临终时，学生柏拉图问他：“老师你过世的话，我们将来怎么办呢？”苏格拉底的回答，今天听起来还是很有用，可以给我们很多启发。他说：“今后你们要按照你们所知道的‘最善的方式’去生活。”

这句话是千古不变的真理，每一个人都要按照自己知道的最善的方式去生活。例如，我现在知道这样做最好，我就做；我将来知道更好的做法，我再改善。千万不要说：我现在知道最好的，不一定有用，因为说不定将来会发现今天认为最好的不是最好的，所以我今天先不做，等将来发现最好的再来做。如此一来，你永远都不用做了，因为你永远会发现将来还有更好的。

这就好像对所做的事感到后悔一样，举例来说，后悔做了这件事，早知道就不要这么做。问题来了：今天这么做，将来可能会后悔。为了避免将来后悔，今天就先不要做，那么什么都不要做了。然而，人生不能停顿。所以我们要防范邪恶的说法在《易经》中出现，可以把它与所有古今中外圣贤所说的话连在一起，以达到真诚的要求。

三、天行健，君子以自强不息

接着，我们看乾卦的《大象传》：“天行健，君子以自强不息。”意思是“天体的运行刚健不已，君子因而要求自己不断奋发上进”。

天体的运行，譬如太阳、月亮最明显。在古人心目中，认为太阳、月亮一直在运转，因此人活在世界上，就不能停下来休息，也要自强不息。

什么叫自强不息？我有一个朋友，每天慢跑，他说他在自强不息。这是事实，每天慢跑不容易，需要恒心，确实自强不息。但这只是身体的运动，如果讲《易经》讲了半天，结果是叫你每天慢跑，那还需要《易经》来教吗？每个运动员都知道要每天慢跑。

也有人说自强不息是每天读书。三日不读书，便觉面目可憎，言语乏味，所以要每天念书。但念书是个人的事，跟别人相处怎么办呢？

所以，《易经》讲的自强不息，意思很清楚，要归结到德行的修养上，而跟他人的来往就是培养德行。假设你与人来往时经常犯错，以至于产生各种恩怨，有时甚至觉得很遗憾。没关系，“人非圣贤，孰能无过”，孔子也说：“过而不改，是谓过矣。”（《论语·卫灵公》）有过错而不改，才是真的过错。我每次看到这句话，都会想到金庸小说《神雕侠侣》中的杨过，“杨过”这个名字的意思就是有过则改。

犯错、做错事不要紧，关键是如何补救。就像孔子也说：“加我数年，五十以学《易》，可以无大过矣。”意思是：让我多活几年，到五十岁时专心研究《易经》，以后就不会有大的过错了。

由此可知，真正的自强不息，是每天增加自己的德行。因而我们每天都要思考：今天自己有没有比昨天更进一步，比昨天更加改善？同别人来往时，有没有更孝顺一点、更友爱一点、更诚实一点、更谦虚一点？每天这么做，你就会发现生命充满意义。人活在世上，最怕五个字：重复而乏味。一旦觉得生命不断重复，今天跟昨天差不多，下个星期和这个星期大概也差不多，明年和今年应该也不会差太远，这样的日子好过吗？

西方人为什么有心理问题？甚至很多先进国家自杀率为什么特别高？就是因为生活“重复而乏味”。社会安定了，经济繁荣了，政治上轨道了，什么都有了，最后发现，再多活几年也都差不多。如此一来，对于自己做的事，兴趣自然会降低，就好比第一次吃到好吃的料理时很兴奋，第二次就变得兴趣缺缺了。

因此，你每天都要问：“我如何让自己感觉到活力？”否则光是重复而乏味，人生真是无趣。

换句话说，《易经》强调自强不息，是要我们增进自己的德行。那么，如何能发现自己的德行每天进步呢？从真诚开始。所以要强调儒家的思想：人性向善。其中“向”字最重要，“向”就是由真诚引发力量，力量由内而发，源源不绝。

你必须自己要求自己做好事，而不是别人要求，这样才有力量。因为真诚，自己要求，因此快乐也是由内而发，而不是别人给予。别人让你快乐，他可以拿走，可以停止供应；自己由内而发，天底下没有人可以把它夺走。这是儒家思想最可贵的地方。

《易经》中的《易传》就是儒家的手笔，我们看到自强不息，就要想到，人生如果自强不息，生命看起来就很有活力，很有动力。就好像乾卦一样，充满无限的生命力。整个宇宙的创造和发展，都是由乾卦开始的，乾卦开始创造之后，宇宙万物才有价值的问题。

在此要特别强调中国哲学的特点：第一，宇宙万物充满生命；第二，人的生命需要实现价值。

实现价值，代表生命不只是活着而已。除了人类之外，其他生物都只是活着而已，只希望多活一天，活得久一点。人类不一样，人类不像其他生物只求多活一天、活久一点，这不是人的生活。老子曾经提到，十个人当中，有三个活到自然的寿命结束；另外三个因为各种疾病、战乱提早结束；还有三个因为养生养得太好而结束，就好比富贵而得了富贵病。十个里面，只有一个可以领悟“道”。

不同的学派，看待人的生命最终都是殊途同归。如何凸显生命的重要性？不是外在的享受，也不在于身体层面，而是在于内心的一种自我要求，即德行的修养。

四、人的生命充满无限的可能

乾卦是《易经》的第一卦，宇宙万物有乾卦，才有后续的发展。乾卦代表无限的生命力，有生命之后，就要掌握到价值。宇宙万物都有其价值，但只有人类可以做出价值的评断和选择。价值不能离开人，如果没有人，宇宙万物有价值也没有用，因为没有人懂得欣赏、懂得肯定、懂得选择。宇宙万物正因为人的生命，而展现出丰富的意义。

人当然要珍惜生命，佛教也说："人身难得。"人的身体最难得。佛教讲"六道轮回"，即天、人、阿修罗、畜生、恶鬼、地狱，所有有生命的动物都轮回在一起，人是六道轮回里的第二道，可见作为人真的是太难得的机缘了。所以，我们在这个世界上，不要说对自己，对每一个人都要非常珍惜与尊重。

每一个人的生命都充满无限的可能，因为他可以实现价值。小孩子刚开始不懂事，大人觉得他是小孩，见了他就摸摸头，问："有没有好好读书？"几年之后，小孩大学毕业读到硕士、博士，变成学者，甚至在社会上发展得很好，成为企业领袖或国家领袖。这就说明了人的生命充满无限的价值，永远不要忽略这些小孩子，认为小孩没什么了不起。错了，我们以前也是小孩子，别人也老是看不起我们，因此，我们就要好好努力。这个世界就是如此，一代一代往下交棒。

重要的不是人类，不是这一代的人，重要的是每一个人。每一个人都有他生命的价值，不要光想着要怎么发展、怎么出人头地，因为出人头地需要竞争，压力很大。你应该思考：要怎么实现生命的价值、展现生命的力量？

以生命为例，这时就要以乾卦作为参考。年轻的时候，“潜龙勿用”，好好读书，把基础打好。二十岁到二十九岁，“见龙在田，利见大人”，学好知识本领，开始表现，期待得到别人赏识。三十和四十岁这个阶段要加倍努力，因为这是中间阶段，谁能往上爬、谁上不去，端看这二十年。如果好好努力，累积生活经验，就能慢慢了解社会人情世故，才有办法领导统驭，进行人性管理。

到了五十到五十九岁，等于是生命里的九五。这时已成家立业，看到部下慢慢成长、发展，就要问自己准备好了吗。因为你心里要有数，退休之后就是“亢龙有悔”了。“悔”不是坏事，懊恼是好事，知道懊恼，就有希望，因为跟“悔”相对的就是“吝”。“吝”代表困难，有困难还不知道后悔，那就危险了，接着就是灾难。若现在处境不太好，面临各种复杂的情况，便开始懊恼。一懊恼，就会开始转向吉祥。

每个人都希望一生一帆风顺，但没有这样的人生。有时觉得自己一生非常坎坷、崎岖，别人似乎都比你幸运，但不要只看这一点，通常当你看到别人比你幸运，别人说不定还羡慕你呢。因为你没有看到别人的痛苦和烦恼，你与人来往，往往只看对方表面上过得不错。对方也跟你一样，只看到你快快乐乐的，说不定也羡慕你。所以这时候，你必须对自己负责。假设你已经过了六十岁，到了“亢龙有悔”的阶段了，没关系，知道整个状况之后，就放手让别人去接班，让别人去发展。

【余韵】

从以上乾卦的《易经》的部分（卦辞、爻辞），以及《易传》的解释说明（《文言传》、《象传》等），我们可以得到很多启发。尤其是“自强不息”，指的是德行的修养。德行修养要从真诚开始，这可说是很好的生活教训。

一般讲占卦时，譬如占到乾卦，代表这件事充满活力，发展绝对没有问题。乾卦六爻皆阳，每一爻都不一样，有的爻不要动。虽然占到乾卦，但是“潜龙勿用”；第五爻“飞龙在天”是人生发展的高峰；到了第三、第四爻就要小心了，这时会面临各种选择、各种考验。

为什么学《易经》不能只看一半呢？因为以上所说的都是“义理”，人生的道理，而《易经》需要另外一半，即占卦，也就是问哪一爻印证在问题上。当有疑惑、问题时，就去占卦，占了卦之后，就要看是哪一个卦的哪一爻。因为一个卦里面，有的爻很好，有的爻不太好；有些最坏的卦里也有最好的爻，所以两边同时要兼顾。《易经》最难的就在这里，一方面要知道道理，做人处世的道理；另一方面，要知道如何解决困惑。亦即两方面——义理派与象数派，两者都要兼顾。

今天，我们不需要学古人把两者分派，而要将它们合在一起。合在一起才会知道每一卦的六爻所展现的象，然后卦象出来。另外，也可以从中学到每一种处境里，会有什么样的遭遇，应该怎么去面对，采取何种适当的方法。“修德”就是其中关键，贯穿在整部《易经》里。

【《易经》小常识】

十二消息卦与二十四节气

在世界天文史上，中国是最早使用阴阳合历的国家之一。八卦最早的主要用途是应用于历法，所以《易经》六十四卦与二十四节气有着重要的关系。

中国古代历法将两个冬至之间的周期称为“岁”，即一年；将“岁”又分为二十四个等份，即二十四节气。每一个节气大约三十天，相当于一个月，其中“节”和“气”各占约十五天。

以冬至起算，二十四节气分别是：小寒、大寒、立春、雨水、惊蛰、春分、清明、谷雨、立夏、小满、芒种、夏至、小暑、大暑、立秋、处暑、白露、秋分、寒露、霜降、立冬、小雪、大雪，再到冬至，此为一岁。

二十四节气是根据地球绕太阳的黄道而分，故称为“阳历”。一节一气为一月，以冬至起（即子月）。后来至夏朝，则以立春为一年的开始，即寅月，一直沿用至今，也就是夏历。

后人从伏羲六十四卦中取十二个卦表示节气的变化规律，称作“十二辟卦”，即“十二消息卦”，也称“十二月卦”、“十二候卦”。《归藏易》中的说法是：子复、丑临、寅泰、卯大壮、辰夬、巳乾、午姤、未遁、申否、酉观、戌剥、亥坤。

十二消息卦与夏历（农历）对照，依序为：复，为十一月；临，为十二月；泰，为正月；大壮，为二月；夬，为三月；乾，为四月；姤，为五月；遁，为六月；否，为七月；观，为八月；剥，为九月；坤，为十月。

● 复卦（䷗）

代表子月，相当于农历十一月，节气为冬至。复卦六爻代表大雪至小寒的三十余天。复卦是五阴一阳，阳爻居初位，此时一阳来复，阳气始升，将会打开新局。

● 临卦（䷒）

代表丑月，相当于农历十二月，节气为大寒。临卦六爻代表小寒至立春的三十余天。

临卦卦象已有二阳，说明天气虽冷，但春天即将来临。临卦卦辞说：“至于八月有凶。”为何说“至于八月有凶”？因为临卦为十二月，经过八个月，正好是八月的观卦，成为临的覆卦。而且显然是阳消阴长，所以说“有凶”。再加上夏历八月多雨，最容易发生洪水泛滥。针对临卦（泽在地下），会形成相反的局面（泽在地上），所以“有凶”。

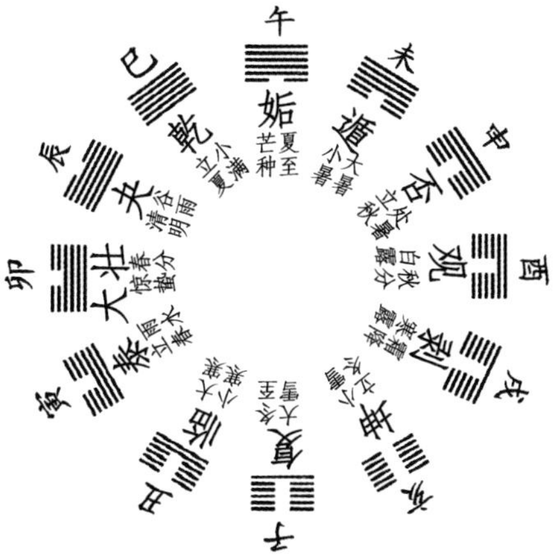

● 泰卦（䷊）

代表寅月，相当于农历的一月（正月），节气为雨水。泰卦六爻代表立春至惊蛰的三十余天。泰卦卦象为三阳在下，说明春天开始了，万物就要复苏，新的生命就要破土而出了。成语“三阳开泰”即是此意。

● 大壮（䷡）

代表卯月，相当于农历的二月，节气为春分。大壮卦六爻代表惊蛰至清明的三十余天。大壮卦六爻已有四阳在下，说明阳气已经战胜阴气，此时万物都开始活动，草木生长发芽，动物开始繁衍。且大壮卦是“上震下乾”，雷在天上，天上始有雷声。

● 夬卦（䷪）

代表辰月，相当于农历的三月，节气为谷雨。夬卦六爻代表清明至立夏的三十余天。夬卦六爻已呈现五阳之象，天地间只有一点阴气残余，阳气最是充足。正如人们所说，阳春三月，草长莺飞，正是踏青旅游的好时光。

● 乾卦（䷀）

代表巳月，相当于农历的四月，节气为小满。乾卦六爻代表立夏至芒种的三十余天。此时卦象六爻纯阳，天气已没有一丝寒意，人们可以穿单衣，正是草木茂盛季节。

● 姤卦（䷫）

代表午月，相当于农历的五月，节气为夏至。姤卦六爻代表芒种至小暑的三十余天。姤卦卦象底部出现一阴爻，天地之气阳极阴生，说明由于温度过高，出现潮湿天气。

● 遁卦（䷠）

代表未月，相当于农历的六月，节气为大暑。遁卦六爻代表小暑至立秋的三十余天。遁卦卦象底部已有两个阴爻，阳动阴藏，有些农作物已成熟。天气更加闷热而潮湿，人和动物都躲藏起来，以避暑气。“遁”即“躲避”，也告诉人们要学会躲藏以生存。

● 否卦（䷋）

代表申月，相当于农历的七月，节气为处暑。否卦六爻代表立秋至白露的三十余天。否卦卦象已有三个阴爻在下，正所谓泰极否来。此时阴气已经变得很强盛，也就是说，天气虽然很热，但还是容易着凉。多事之秋意即如此，此时需要祈福消灾。七月十五为鬼节，人们会在此时祭拜祖先及鬼神，以求庇佑。同时由此领悟，要收敛修德以避开灾难，以求吉祥。

● 观卦（䷓）

代表酉月，相当于农历的八月，节气为秋分。观卦六爻代表白露至寒露的三十余天。观卦卦象已经是四个阴爻了，说明天气渐冷，正是秋风萧瑟，农作物的生命已到尽头，已经成熟。而仲秋美景也开始呈现，明月当空，中秋佳节，合家团聚，正是观赏的好时节。古时有“二八之月，奔者不禁”之说法，正是观玩之意。

● 剥卦（䷖）

代表戌月，相当于农历的九月，节气为霜降。剥卦六爻代表寒露至立冬的三十余天。剥卦卦象已有五个阴爻，仅一阳爻在上，说明阴气强盛，连一点余阳都要排挤掉。此时万物凋零，落叶纷飞，天地间生气被剥夺。

● 坤卦（䷁）

代表亥月，相当于农历的十月，节气为小雪。坤卦六爻代表立冬至大雪的三十余天。坤卦卦象六爻纯阴，阴气最盛，此时万物隐藏起来，动物开始进入冬眠，天地闭塞成冬，一年到了终点。由于阴中有阳，阳中有阴，坤卦当令的时节也会有两三天小阳春，所以又有“十月小阳春”的说法。

第五章　厚德载物——坤卦

《易经》的第二卦是坤卦，乾卦讲的是自强不息；相对来说，坤卦讲的是厚德载物。乾是天，坤是地；乾是父，坤是母；乾卦六爻皆阳，坤卦六爻皆阴。以后我们看到任何一个阴爻，就知道都有坤卦的特性，这就跟看到任何一个阳爻都有乾卦的特性一样。

一、柔弱胜刚强

坤卦六爻皆阴，作为母亲、作为大地，柔顺无比，我们可以把它看作是阴的示范代表，即“柔弱”。由此，我们可以联想到老子的“柔弱胜刚强”。西方人也说：“女子虽弱，为母则强。”这句话很有道理。女子相对的是男子，从社会分工各方面来看，男子从事体力劳动，需要外在的刚强；女子负责家务，照顾子女，是比较柔弱的一方。但是作为母亲，女子又变成一个主导者、刚强者。西方简单的两句话，也符合《易经》的原则。

“柔弱胜刚强”有很多例子，譬如大风吹来的时候，越是坚挺的树木，越先被吹倒；相反的，柔弱的柳树很少会被吹倒。又譬如“滴水穿石”，一滴水能瞬间穿透石头吗？当然不行，它需要时间上的长期效果，才能展现柔弱的力量。人到了年老时，牙齿很少还是完好的，但舌头还是跟以前一样，这就说明了“柔弱”更符合生存的道理。

古代有个故事：有一个勇士专诸，身体强壮，武功高强，最喜欢做的事就是每天外出跟人打架。而且不到十个人他不打，一定要和十几、二十几个打才过瘾。有一天，他家门前聚集了很多人大声吆喝，准备找他打一架。他一看人多，认为可以好好打一场，于是往外走。这时，听到后面有个娇弱的声音喊了一声“专诸”，他立刻掉头回去。别人笑他怕老婆，老婆一叫，立刻就回去，真没出息。专诸则回头对那些人说：“唯其在一人之下，才能在万人之上。”这便是柔弱胜刚强的道理。

二、坤卦卦象和卦辞

坤卦六爻皆阴（䷁），从下至上依次是：初六、六二、六三、六四、六五、上六。“六”代表阴爻。

坤卦的卦辞较长，原文是：“元亨，利牝马之贞。君子有攸往，先迷后得主。利西南得朋，东北丧朋。安贞吉。”意思是：

“开始，通达，适宜像母马那样的正固。君子有所前往时，领先而走会迷路，随后而走会找到主人。有利于在西南方得到朋友，并在东北方丧失朋友。安于正固就会吉祥”。

我们还记得，乾卦的卦辞是四个字：“元、亨、利、贞”，代表无所不利。天下万物都来自乾卦，所以对万物都是适合的，可以长期发展。但是坤卦不一样，坤卦六爻皆阴，也是“元、亨”，但是这里的“元”不是“创始”，而是“开始”。因为乾卦是主动力，坤卦代表受动力，完全接受之后，才要发展，也就是开始。“亨”即通达，在大地上产生万物，不断发展。

“牝马之贞”，“牝马”就是母马。我们都知道，“马”跟人类关系非常密切，而且母马本身是非常驯良的。为什么要提到马呢？马本来用来描写乾卦，我们还记得，坤卦的象征是牛。其实这并不是重复，而是各种不同的理解方式。“牝马”的用意是“跟从”，因为坤卦虽然是指大地，但是天体运行需要与大地永远配合。

我们要了解，开创一个时代固然需要力量，但是跟随它、发展它，也需要力量。天体不断运行，地面万物不断生长，大地本身也需要有恒常、强健的性格，但它的强健不在于引导，而在于跟从。

很多时候，我们跟着别人前进，别人继续走，而我们却停下来了。孔子就曾告诉学生，从事政治，要记得两个字：“无倦”，即不要倦怠。人很容易倦怠，开始时很努力，每个人都愿意不断地做。做了一半心里却开始想：“已经差不多了，有点成绩了，可以休息了。”一停下来就糟糕了，因为整个时代不断在进步，天下所有人都在努力竞争，你一旦停下来就跟不上了。坤卦之所以用母马来代表，是因为“母”代表“坤”，“马”代表健行，能够有恒心地一直走下去。

坤卦适合母马的前进，特色是：“君子有攸往，先迷后得主。”一个君子到了适合的地方，不要走在前面，因为坤卦是要跟着别人走，亦即跟着“乾”来走。如果走在前面，就会迷路，因为没有任何力量可以引导你往前开创。相对的，走在后面就会找到主人，有人可以带着你走。

很多时候，不要老想着自己做开路先锋，开路先锋很辛苦的。有时候跟着别人后面走，踩着别人的足迹慢慢前进，也不见得是坏事。像西方的物理学家牛顿也说：“我们要站在巨人的肩膀上。”你不能说要当巨人，从头开始建构宏伟的科学研究，那是不可能的。但是站在巨人的肩膀上，就能看得更高、更远。而坤卦就是要求你不要走在前面，而是跟在后面，如此一来，就能找到你的主人。

“利西南得朋，东北丧朋。”适合在西南方得到朋友，在东北方失去朋友。这说明什么呢？西南代表比较柔顺，属于平原地带；东北多山、多高原，代表很多阻碍。这牵涉到“后天八卦”，我们先不深入探讨。

如果你到西南方，有伙伴同行，就会很柔顺；而到了东北方，就会失去同伴。这就好比女性没结婚之前，经常跟很多女性朋友开心在一起，一旦结婚之后，就要离开朋友跟着先生走，这叫作“东北丧朋”。因为你得到一个“主”，“主”代表能带你走的人。

看到这里，很多人会说，这样似乎对女性不是很公平。我要特别说明，每一个人都有乾卦、坤卦，随着你的角色、身份和所面对的对象而定。例如，在家里是男主人，是“乾”；上班的时候遇见上司，就变成了“坤”，上司变成“乾”，他要我怎么做，我就照着做。但是，上司面对他的上级单位，也会变成“坤”；上级的再上级，在外面都是“乾”，回到家之后，说不定也跟前述专诸的例子一样，听老婆的话，变成“坤”了。

有的人在任何时候都是“乾”，碰到子女就变成了“坤”。像诗句：“横眉冷对千夫指，俯首甘为孺子牛。”（鲁迅名言）在外面可以号令天下，莫敢不从，可是回到家之后任由小孩子爬在身上，被当牛骑也认了。意即父母有时候面对孩子，会变成另外一个角色。好比有些人抽烟，任何人劝他戒烟，他都照抽不误，最后是女儿的规劝发挥了作用，他“听话”了。

这说明了人活在世界上，都有“乾”、“坤”两面，因此，了解“坤卦”，对每个人都有帮助。

由此可见，坤卦的卦辞意思很简单：首先告诉我们要像母马一样，一方面很柔顺，一方面能够健行，才跟得上天体的运行，跟得上乾卦的脚步。其次，君子有所前进的时候，走在前面会迷路，走在后面才能找到主人。最后，坤卦告诉我们，适合在西南方得到朋友，在东北方丧失朋友，就是要以柔顺为主。如果占到这个卦，就要从这些角度去理解。

坤卦六爻详解

初六。履霜，坚冰至。

六二。直方大，不习，无不利。

六三。含章可贞。或从王事，无成有终。

六四。括囊；无咎无誉。

六五。黄裳，元吉。

上六。龙战于野，其血玄黄。

用六。利永贞。

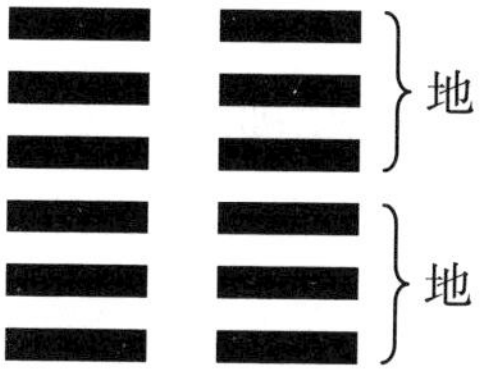

坤卦卦象

● 初六。履霜，坚冰至。

意即："初六。脚下踏着霜，坚冰将会到来。"

这是坤卦最有趣的一个爻。脚下踩到霜，前面就会有坚硬的冰块。这是什么意思呢？这里的前面，并不是指方位，而是指现在漫天风雪，结冰那么厚，怎么搞的？什么时候出现的？代表任何事情都是有迹可循——当你脚下踩着霜，就知道冬天即将来了。

任何事情都是渐次发展的。我先说一段很有名的历史故事：

在周朝初年封建时候，齐国始祖是姜太公姜子牙，鲁国的始祖是周公。这两位国家大佬接到分封的命令，开始聊天。

姜太公问周公：“你准备怎么治理鲁国？”周公说了四个字：“尊尊、亲亲。”意思是要尊重身份地位高的人，亲近有血缘关系的人。

姜太公听完之后回道：“鲁国从此‘积弱不振’。”为什么呢？因为讲究“尊”和“亲”，一定是不考虑他们的能力、才华和本事，而是因为身份高才予以尊重，但能力够不够，就是另外一回事了。就好比血缘接近，我就亲近你，因为你是我的亲戚，即使你能力不够也无所谓。鲁国就是比较重情感、重道义，所以姜太公说：鲁国将来会弱了。

接着，周公就问姜太公：“那你将来如何治理齐国？”姜太公说：“举贤而尚功。”“举贤”，推举有贤才的人；“尚功”，把功劳作为当官的标准。意思就是要推举有能耐的人，只要有才干，齐国就予以推举；有功劳，就封为大官。这是齐国的原则，一开国，就有人订下这套规则了。

周公听了之后便说：“齐国后世必有‘劫杀之君’。”意即将来齐国的国君，一定有人会遭遇弑君之害。后来，齐国果然越来越强，春秋五霸第一霸就是齐桓公。但是传到二十四世，齐国就被田氏篡位了。

“田氏篡齐”的故事，正好发生在孔子的时代。当时，孔子听到田常杀了齐国国君，便上朝报告鲁君齐国发生了造反之事，请示要不要派兵去讨伐造反的人。因为当时各诸侯国之间有约定，哪一国发生内乱，其他诸侯国可以组织联合军队去平定内乱。

但是，鲁国哪来的能力呢？它比齐国还弱，更别说政权不在鲁君手上，而是在三家大夫手上。所以鲁君回道："你不要问我，去问那三家大夫。"孔子只好去问三家大夫，三家大夫当然不同意，因为他们自己都想把鲁君换掉了。

齐国很强盛，传到二十四世被田氏所篡，但由于田氏很懂得收买人心，所以齐国的老百姓没有太多意见。田氏收买人心的方法是：他用小斛（斗）收租，用大斛放贷，给百姓恩惠。因此，齐国百姓都拥护田氏。他后来篡了齐国，没有人反对，就是由于这个原因。

鲁国一直"积弱不振"，但传了三十二世才结束。由此看来，建国时姜太公和周公所说的话，就是坤卦首要强调的"履霜，坚冰至"。也就是说，立国的原则会影响到国家后续的发展，这是没有例外的。

坤卦第一爻初六，其《文言传》曰：

积善之家，必有余庆；积不善之家，必有余殃。臣弑其君，子弑其父，非一朝一夕之故，其所由来者渐矣，由辨之不早辨也。《易》曰："履霜，坚冰至。"盖言顺也。

其中"积善之家，必有余庆；积不善之家，必有余殃"，意

讲到六爻的时候，我们要有一个大概的观念：初的位置，叫作“士”，读书人；第二个位置代表“大夫”，已经到中间了；第三个位置是“公卿”；第四个位置是“诸侯”，公卿和诸侯的责任都很重；到了第五个位置就是“国君”；第六个位置则代表“宗庙”或“祖先”，已经退休了。

到了六四的位置，就要“括囊”；把袋子扎起来，没有灾难，也没有称赞，也就是不好也不坏。为什么到六四就要收敛呢？因为是坤卦，到六四就要收敛，若不收敛，将来就会有问题。

到了上卦，虽然当了一个小小的领袖，可以统治下卦，这时依然要收敛。就像大禹治理洪水之后，一点也不骄傲、不自夸，后来舜才把帝位传给他。周公的功劳也很大，但他也不骄傲，依旧很诚恳地辅佐幼主。孔子特别称赞周公，说他既不骄傲，又不吝啬。因为骄傲和吝啬都是以自我为中心，喜欢跟别人比，胜过别人，有好处不肯分享，这叫“既骄且吝”，不值得欣赏。

所以，像大禹、周公这些伟大的古人，他们还不算是天子，因此要收敛。这时，不需要求荣誉，也不用担心，才不会有灾难。人有的时候就是要收敛，避开锋芒，因为你所处的位置还不到时候，不适合出来当领袖。

在这个时候，就要学习道家的思想。道家很多地方都学到坤卦的做法，譬如前述的“柔弱胜刚强”，就告诉我们要顺从、不争。老子说：“夫唯不争，故天下莫能与之争。”（《老子·二十二章》）就因为不争，所以天下没有人能跟他争。

说到“争”与“不争”，你跟别人争什么呢？当然是争自己有本事的部分。你有本事，但别人比你更厉害，正所谓“人外有人，天外有天”。因此，你要避开锋芒，不跟他人直接竞争。不过，也不要说自己什么都不行、什么都不会，如此一来，会显得缺乏自信。

当谈到坤卦六四的时候，就要记得收敛，因为你已经到了高位，可以统治底下了，这时就要“括囊”，扎起口袋。

● 六五。黄裳，元吉。

意思即：“六五。黄色的裙子，最为吉祥。”“元吉”是上上大吉。

《易经》所谓的“占验之词”，意思是占卦时所占到的卦与爻又分等级，最好的就是“元吉”，即最为吉祥，上上大吉；其次是“大吉”，大大的吉祥，非常吉祥；第三才是“吉祥”；再往下就是“无咎”，没有灾难，也就是平常的状态。西方有句话说：“没有新闻就是好新闻。”这就是“无咎”，不要老想着今天会有什么好事，其实没有事就是好事，每天都是好日子。

“无咎”往下依次为“悔”和“吝”。“悔”就是懊恼，因为做错很多事；“吝”就是困难。有困难还不知道改过、悔改的话，接着就是“咎”和“厉”了。“咎”为灾难，“厉”代表危险。最后还有“凶”，“凶”是最可怕的。以上就是《易经》对于各种占验的区分。

从占验之词中，可以知道“无咎”是不错的，至于怎么做才能“无咎”？答案就是“善补过者也”。一个人善于补救过错，就不会有灾难。这句话对于现代人来说，一样非常有启发性。试想，为什么灾难会发生在你身上？因为你有过失却不知道补救。“人非圣贤，孰能无过”，有过失没关系，要善于补救过失，赶快改善。跟别人有什么地方合不来，自己有错就赶快道歉，只要赶紧补救过失，别人就不会跟你计较了。

然而，人们往往是自己有过失还死不承认，或者硬是要跟别人僵持不下。到最后有了灾难，也不能怪别人。所以，对于“无咎”的标准，要求就是善于补救过错。

《易经》乾卦六爻并没有出现“元吉”，只说适宜见到大人，并没有说到“吉”，一直到坤卦六五才出现了“元吉”。为什么说“黄裳，元吉”呢？在此先说明“黄裳”的意思。

“黄裳”就是穿上黄色的裙子。古代的“衣”代表上衣，“裳”代表下裙，例如“黄帝垂衣裳而天下治”。坤卦本身不能直接当领袖，必须跟着别人走。跟别人走就代表不是“衣”，只是“裳”，因为穿衣代表当领袖，当乾卦了。而你必须跟别人走，所以要穿上“裳”。

何谓黄色？黄色是土的颜色，土在中间。古代关于颜色又有说法：东边是青色，因为太阳从东边升起，东边草木繁荣；南边是红色，因为南边最热，变成红色；西边是白色；北边是黑色；中间则是黄色。

颜色和方向又配合金木水火土，东方属木，是青色；南方属火，是红色；西方属金，是白色；北方属水，是黑色；中间属土，是黄色。

坤卦六五的位置是在上卦的中间，中间是黄色，所以要穿上黄色的裙子，代表知道自己是六五，不是九五。九五才有真正的实权，六五再怎么厉害，都要知道自己必须跟随别人。

现在在六五这个位置，不是自己要求的，而是正好碰上，怎么办呢？“黄裳元吉”，变成是“上上大吉”了。可见，不管在任何地方，只要了解自己的处境，做出适当的反应，就是吉祥了。

吉祥并没有在乾卦出现，反而在坤卦出现了一个“上上大吉”，这说明什么道理？正是柔弱胜刚强。柔弱是每一个人都应该放在心上、在社会上可以实践的态度。大多数的人都是老百姓，作为老百姓，要甘于过平凡的生活，要知道自己的分寸，不要强出头。这就是我们谈到的六五“黄裳元吉”。

● 上六。龙战于野，其血玄黄。

意即：“上六。龙在郊野争战，它的血是青黄色的。”

我们都知道，乾卦的上九是“亢龙有悔”，处境并不好。在坤卦也是一样，上六也不好。《易经》的六十四卦，每到最高的位置，不是上六，就是上九，大部分都不太好。最好的只有两个卦，即“履卦”和“井卦”，这两卦最后都是“元吉”，后续将会特别介绍。

坤卦上六“龙战于野，其血玄黄”，这在说什么呢？郊野代表外面，“上”就是外面，象征郊外。这又是一个象征了，六爻位置最外面的，就变成郊外。古时候分郊，郊外有野，郊外之内就是“邑”，都城。

为什么在坤卦的上六会出现龙在郊外作战呢？根据《易经》的解释，因为这一卦六爻皆阴，没有看到阳爻，便以为天下就是我们阴爻的。天下是你的吗？不一定，是的话就守不住了，因为本身是阴爻，没有实力，没有主动力。

这时候，以为自己是龙，接着真正的龙就出现了，因为你已经走完了。正如《文言传》所说：“阴疑于阳必战。为其嫌于阳也，故称龙焉。犹未离其类也，故称血焉。”意思是：“阴气受到阳气猜疑，必然发生争战。由于阴气猜测没有阳气存在，所以也称它为龙。但是阴气尚未离开它的类别，亦即阴无法胜过阳，所以用流血来描写。”

坤卦之后出现的卦，不可能是全部阴爻或全部阳爻，因为乾卦、坤卦出现过了，所以之后出现的六十二卦，任何一卦都是有阳有阴。代表阴爻出现之后，一定会有阳爻再出现，真正的龙要跟假龙开始作战了。

这正如历史上的典故，譬如赵高篡秦，秦灭亡了，赵高也被杀了；王莽篡汉，汉朝式微，王莽也失去力量。赵高和王莽都是趁着机会称霸天下，但是不能当真正的龙，因为天下都是一片小人，如赵高指鹿为马，就以为自己是真正的龙。小人当道，其他的纷争就会出现，所以“龙战于野，其血玄黄”。“血”就代表斗争很惨烈的后果。

坤卦最后再加一句："用六。利永贞。"意即："用在坤卦整体。适宜永久正固。"作为坤卦，最好能够守住你的位置。我们还记得，乾卦的用九是"见群龙无首，吉"。用九和用六只有乾、坤两卦可以用，因为六爻都一样。

三、厚德载物

在坤卦当中，更重要的是我们所说的"厚德载物"。坤卦《象传》说："地势坤，君子以厚德载物。"大地的形势顺应无比，君子努力培养自己的德行，用来承载万物。

所谓的培养德行，指的是点点滴滴慢慢地做，不要着急。人的品德绝不是一天形成的，不能说昨天还是个不懂事的人，今天忽然就懂事了，什么都顺了，不可能。人的品德没有侥幸，多下功夫，它就慢慢累积，十年、二十年，不到一段时间，它不可能有效果。

佛教的觉悟就讲究"渐修"和"顿悟"，两种主张好像不一样，其实不能分开。"渐修"就是每天修，每天修，什么时候觉悟也不知道，也不要管。在还不到觉悟的时候，往往感觉前途茫茫，好像很遥远；你觉得觉悟了，其实离你还挺远的。一旦觉悟后才发现，其实随时都可能觉悟。"顿悟"就是突然的觉悟，好像没读什么书，也没什么修行，突然之间就觉悟了。

虚。如果每个人都只为自己着想，那么到底要听谁的呢？因此，如果能替别人着想，就能化解这方面的问题，而真正的勇敢也就会出现。

四、君子：敬以直内，义以方外，敬义立而德不孤

要做到厚德载物，坤卦里就提到很多修养。坤卦《文言传》曰：“……君子敬以直内，义以方外，敬义立而德不孤……”后来宋朝学者就把其中八个字拿来作为座右铭，即“敬以直内，义以方外”。这八个字的意思就是：用严肃的态度来持守内心的真诚，用正当的方式来规范言行的表现。一方面是内心，一方面是外在的表现。

首先，对待自己内心，一定要修炼，用严肃的态度来持守内心的真诚，这是第一步，否则就是虚伪了。其次是向外，用正当方式来表现自己的言行。因为人表现在外的,就是“言”与“行”，说话、做事都要注意是否正当，合乎道义。

内在要求真诚，严肃看待，告诉自己一定要真诚；外在表现方面，言行表现要注意正当。这就好像乾卦所提到的：“闲邪存其诚，修辞立其诚。”很多宋朝学者都将这八个字拿来当作座右铭。有了座右铭之后，就会知道努力的方向了。

接着是“敬义立而德不孤”；做到既严肃又正当，德行就不

会孤单了。“德不孤”三个字在《论语·里仁》也出现过，孔子说：“德不孤，必有邻。”“邻”代表邻居、朋友、同道的人。有德行的人不会孤单，必定能得到人们的亲近与支持。因为“人性向善”，看到有人表现出德行，大家都会支持，毕竟谁不喜欢他人行善呢。

行善代表对大家有利，所以行善者跟周遭的人一定相处得很好。行善是在帮助别人，如果我是为自己着想，怎么能说是在行善呢？

从以上内容可以知道，很多儒家和道家的思想，都深受《易经》的启发。

【余韵】

综上所述，我们可知，坤卦与乾卦是对立的，是相辅相成、相反相成的两个卦。乾卦代表主动力创造万物，坤卦代表受动力发展万物。如果只有乾卦，没有坤卦，万物不可能有这么好的发展；如果只有坤卦，没有乾卦，怎么可能创造出万物呢？

坤卦的特色是六爻皆阴，将来只要看到任何一卦的阴爻，就要想到坤卦。

本书接下来要谈的，是从六十四卦里选一些特别重要的卦作为参考，说明它为什么重要、对人生有什么启发。

在进行占卦时，占到任何一卦，都要问哪一爻是动爻，它一动，代表这个爻会印证在这件事情上，这时候你就要好好参详。

举例来说，占到坤卦六四：“括囊；无咎无誉。”意思就是你本身有一些实力，有才华、有文采，要收敛起来，不要表现，这样就不会有灾难，也不会有称誉。宁可不要称誉，也不要批评。

人生有时候走到六四的阶段（中年阶段），虽然有某些出色的表现，但不是真正的领袖，没办法开创自己的事业，这时就要注意收敛。我们在乾卦提到初九“潜龙勿用”，在坤卦六四提到“括囊”，都是不要表现。如此一来，就不会有“咎”，也不会有“誉”，这是人生一个过渡的阶段。

到了六五，虽然是好位置，但还是一样要注意“黄裳”，才能“元吉”。不能穿“上衣”，要穿“下裙”，承认自己是一个顺从的位置。也就是当一个大臣，再怎么功高，也不能震主，否则下场就不好。

同样的，处在任何位置都要有因应之道。有时候这个位置显然不好，那么你就只能从不好的一面，看出一条出路，避开不好的局面。就好像孔子教学生“见贤思齐”，看到别人有优点，跟他学，向他看齐；“见不贤而内自省”，看到别人不好，就要问自己是不是跟他一样不好。这就是我们在学习坤卦时所得到的启发。

【《易经》小常识】

卦象术语

● 覆卦与变卦

《易经》六十四卦，每连续两卦（如 1 与 2，3 与 4）之间的关系是“非覆即变”，因此，六十四卦可分为 32 组。覆卦是指由下往上翻覆，如第三卦屯卦（䷂）与第四卦蒙卦（䷃）；变卦是指六爻皆变，如第一卦乾卦（䷀）与第二卦坤卦（䷁）。

● 综卦与错卦

“非覆即变”的另一说法，称为“非综即错”。

● 互卦

一卦六爻由两个经卦所组成，其中的二、三、四、五爻又形成两个小卦，二、三、四爻为下互卦，三、四、五爻为上互卦。在解说爻辞时，常会参考互卦所提供的数据。

● 纯卦

由八经卦自身相重所构成，称为“纯卦”。

第六章　非吉则利——谦卦

谦卦是一个很特别的卦，它的六爻“非吉则利”。说到“谦”这个字，譬如“满招损，谦受益”，“谦虚纳百福”等，都可以和“谦”搭上关系。我们也知道，一个人谦虚时，话说得比较委婉，跟别人来往，会摆出低姿态。这些都不难，很多人都可以做得到，但是，真正的谦虚要从何理解起呢？

一、古圣先贤谦虚的态度

在此要从古代一些数据说起。例如，孟子最推崇舜，有一次他提到舜，一连做了一系列介绍。他先提到孔子的学生子路，一般人听到子路，都会觉得这个人非常豪爽，有豪侠气概，这样的人应该不会随便表现谦虚吧。然而，孟子居然说：“子路闻过则喜。”子路听到别人说他的过错，非常高兴。

要能做到这一点很难，一般人都是“闻过则怒”，听到别人说自己的坏话或过错，就会很生气，要不然就设法找借口，说错不在己，要怪别人。但子路听到过失却觉得很高兴，代表他谦虚，要是不谦虚，听到别人讲到自己的过失，都会恼羞成怒的。

接着，孟子提到大禹："禹闻善言则拜。"大禹听到有价值的话，就向别人拜谢。别人提出的建言，我不见得不懂，但只要对方是有心来告诉我，我就向他拜谢，这也是谦虚。

实际上，大禹有什么话是不懂的？这些伟大的圣人，每个人都很聪明，但他还是感谢别人的好心，因为不管再怎么聪明，都不可能了解所有天下事。

最后是舜："大舜有大焉，善与人同。"何谓"善与人同"呢？根据孟子的解释，舜的善都是从别人身上学来的，然后自己继续实践，实践的时候让别人知道：这是跟你学的。这不容易，所以舜到任何地方都很受欢迎，因为他看到别人有优点，就学起来；别人称赞他，他便说："你不要称赞我，这是你身上的优点，我只是从你身上学来加以实践而已。"这代表"我与人为善"，跟别人一起实现善，这是多么谦虚的态度！

舜到任何地方，都受到欢迎和肯定，老百姓跟着他，不到三年，所到之处就变成一个都城了，再过三年，就变成一个国家了。因此尧后来才特别肯定他、欣赏他，因为他谦虚。成功的人没有不谦虚的，若是不谦虚，很快就会失败，众叛亲离，这种例子太多太多了。

二、谦卦的特别之处：谦虚纳百福

为什么要特别介绍谦卦呢？因为它是整个《易经》六十四卦中，唯一六爻“非吉则利”的一卦，其他每一卦都有好有坏。我们讲到乾卦的九三、九四时，只希望做到“无咎”；讲坤卦则要收敛、小心，因为坤卦一开始就提醒：“履霜，坚冰至。”

谦卦底下三爻是“吉”，吉祥；上面三爻是“无不利”，什么都适合，没有任何不利，做什么都可以。六爻“非吉则利”。

而且，最特别的是，《易经》出现几次与鬼神相关的词句，但是在谦卦《彖传》里就直接说了：“天道下济而光明，地道卑而上行。天道亏盈而益谦，地道变盈而流谦，鬼神害盈而福谦，人道恶盈而好谦。”天道会祝福谦卑的人，地道会帮助你，人道也会肯定你，鬼神也会帮助你。其他各卦很少在《彖传》中提到鬼神。

一般说来，天道是指大的自然环境，像天体运行、春夏秋冬，这属于上天决定的；地道代表地理山川等客观形势；人道则代表人类社会的规则。以天道来说，“冬天来了，春天还会远吗？”从这句话可以知道，冬天冷过头了，应该谦虚一点了，该变温暖了。也就是说，一过头了，就要收敛了。同样的，夏天太热了，秋天也不远了。

天道说明任何事都不要过分，因为谦的反面是“盈”，“盈”就是满，志得意满。

以地道来说，将高的地方降低一点，低的地方就会稍微填满一点。就像一桶水，一旦倒下，水就会往低处流。我们平常说河东河西、沧海桑田，这些即说明了大地本身就有调节的作用，当你过高，它就会让你变得低些。

鬼神是什么呢？古代讲鬼神，有两种基本的来源：第一种是人死为鬼，换句话说，鬼神就是我们的祖先。我们的祖先跟我们一样，也喜欢谦虚的人，讨厌骄傲的人。

另外一种是伟大的政治人物变成神，例如，古代有些人做官做得很好，好比管泰山的、管黄河的都是官，这些官死后就会变成泰山的神、黄河的神。

人世间伟大的政治人物变成神，我们的祖先是鬼，年代久了之后，鬼神就变成一个团体。人与鬼神在某种程度上可以互相沟通，但是，我们得先学会人与人之间的来往。

譬如，子路请教孔子如何服事鬼神，孔子说："你还不懂得怎么跟人来往，就不要想那么多了。"因为跟人来往，和跟鬼神来往的道理是一样的。鬼神是我们的祖先，你不可能跟鬼神处得很好，却跟人处得不好。这样一来，你就有谄媚鬼神的嫌疑了。

古人认为，鬼神是不能被蒙骗的，两国缔结盟约时，常常要请鬼神来做见证，代表双方定了盟约，谁违约，鬼神就会惩罚他。因此，两国定约的时候，都会留有这样一个文字数据。

再回到人的社会，看到谁谦虚了，就愿意肯定他；看到谁骄傲，志得意满，你虽然斗不过他，心里也会很讨厌他。所以，在这里可以说，“谦”给人的启发也特别深刻。

三、谦卦卦象和卦辞

谦卦的卦辞很简单：“亨，君子有终。”意即：“通达，君子有好的结果。”谦卦就是“亨”，通达；一个人谦虚，到处都走得通，有好的结果。

从卦象来看，下面是艮卦（☶），艮是山；上面是坤卦（☷），坤是地。下艮上坤，这是学术界的读法，一般人都不喜欢这样读，一般的读法会是“地山谦”，上面是地，底下是山。不过，我们画卦的时候，务必从下面往上画。不要想说既然是“地山谦”，就先画地，再往下画山，这就违背规矩了。毕竟习惯还是要照它的规则来，中国的文字虽然是从上往下写，但是《易经》的卦却是从下面往上发展。

谦卦六爻只有一个是阳爻，九三是主爻。一卦六爻，往往有一个爻是主爻，主爻最能表现卦的特色，等于是以它为主心骨，以它为脊椎。谦卦的九三最重要，因为另外五个爻全部是阴爻，“物以稀为贵”，当然是主。不过，不要以为只有阳爻才是“主”，如果倒过来，五个是阳爻，一个是阴爻的时候，阴爻就变成主爻了。

谦卦的卦象是一座山在底下，上面是地。山代表停止，因为山很高耸，有实力，有真才实学。然而，里面有真才实学，外面却跟平地一样，一望无际，非常顺从，所以外表给人完全没有压力。

一个人有学问或本事、有钱、有地位、有权力，最怕的就是仗着自己的能力、本事，给别人压力，这样就不合乎谦卦的原则。谦卦的原则是：不管有名利权位，或何等本事，都要把它们放在底下，外在表现得像是一片平原，对待他人非常柔顺，好像若无其事。因为人活在世上，有各种发展、成就，也有非常复杂的因素，就好比庄子所说的故事，即成语“朝三暮四”。

听到“朝三暮四”，大家都知道意思是指这个人不好，早上想什么，晚上又改变心意，没有恒心，说话不算话，没有原则。然而，庄子说的其实不是这个意思。他说：有一个人养猴子，养到后来没钱了，就和猴子开会商量，将食物改成早上三升栗子，晚上四升栗子。猴子听了都很生气，于是他说：那倒过来吧，早上四升栗子，晚上三升栗子。猴子听了都很高兴。

我们都知道，早三晚四和早四晚三，加起来都是七，但为什么猴子会生气或高兴呢？因为它们不会算术，只知道先吃多一点比较好，就像小孩子一样，没有概念。这代表整体是一样的，所以你不要受情绪干扰，好比有些人少年得志，有些人大器晚成。

在学习《易经》时，这些相关数据都可以让人联想到自己现在要“谦”，因为时机还没到。即使轮到自己发达了，也要谦卑自处，因为将来别人也会发达。得意的时候若是太骄傲，将来别人得意时，岂不是也要示威了吗？当自己顺利时很谦虚，别人看到了，将来他顺利的时候，也不至于在你面前过于嚣张。

在人生的过程中，没有谁是绝对的优势，一路顺到底，没有这样的人生。如果一路都很顺利，没有任何障碍，这样的人简直是不可思议，世界上不可能出现的。

我们都知道北宋苏东坡才华太高，一辈子都不太得意，屡次被贬谪。他越被贬，文章写得越好，这是他唯一的成就。但就他本身来说却很苦。后来，他年纪大了，有经验了，便调整自己的观念。他写了一首诗《洗儿》：

人皆养子望聪明，
我被聪明误一生。
惟愿孩儿愚且鲁，
无灾无难到公卿。

意思是：别人养孩子都喜欢小孩聪明，读书考试第一名。但是我苏东坡被聪明误一生，现在我只希望小孩子又愚又鲁。宁可笨一点、反应慢一点，但人生可以无灾无难地做到公卿。

这是做梦，人生怎么可能无灾无难做到公卿呢？苏东坡这种做父母的心愿令人感动，但是不切实际。为什么希望孩子无灾无难呢？事实上，灾难或困难才能锻炼一个人的生命，使他在过程中发展潜能，造就自己。

谦卦六爻详解

初六。谦谦君子，用涉大川，吉。

六二。鸣谦，贞吉。

九三。劳谦君子，有终，吉。

六四。无不利，㧑谦。

六五。不富以其邻，利用侵伐，无不利。

上六。鸣谦，利用行师，征邑国。

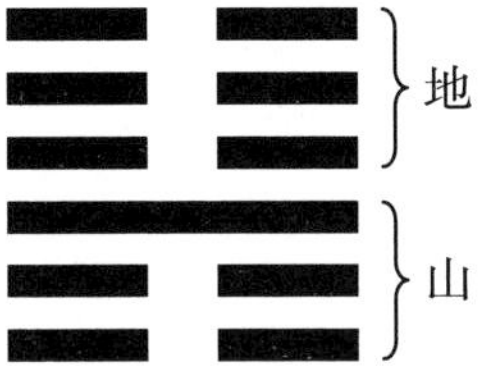

谦卦卦象

● 初六。谦谦君子，用涉大川，吉。

意即："初六。谦而又谦的君子，可以渡过大河，吉祥。"

为什么讲"谦谦"两个字？因为它在谦卦的最底下，本身是谦卦，初六又在最低的位置，完全符合谦卦。它之所以吉祥，是因为本身作为山的基础，有实力，但是很谦虚，且有本事渡过大河，当然吉祥。

在《易经》卦象中，能渡过大河的不多，只有七个卦。可以渡过大河，代表力量足够。通常这样的卦都有风（巽卦），或是有天（乾卦）。在这里，山（艮卦）的初爻也有能力渡过大河，就是因为谦虚。

渡过大河很不简单，因为古时候很少有好船作为渡河的交通工具，所以渡河是很危险的事。但是，它照样有这个实力和能力。可见一个人越谦虚，就好像跳高之前蹲得越低，就能跳得越高。这是第一爻。

● 六二。鸣谦，贞吉。

意即："六二。响应谦卑的态度，正固吉祥。""鸣"就是响应谦虚的态度。

谦卦只有一个九三阳爻，其他全部是阴爻，在这些阴爻中，第一个跟九三有关系的是六二，跟九三靠在一起。在《易经》里，讲六爻关系的时候，靠在一起的叫"比"，"比邻而居"。比邻而居有一个原则，如果阴爻在下，阳爻在上，就是好位置。因为阴爻在下，上面有阳爻，可以当靠山，所以很好。相反的，如果上面是阴爻，对阳爻来说就不是很好，对阴爻来说更不好。

在谦卦里面，跟九三有关系的有两个爻，一个是六二，另一个则是上面的上六。《易经》的六爻是由两个三爻卦所组成的，相对位置叫作"相应"。譬如，初和四、二和五、三和上相应，这很容易。相应最好的是阴阳相应，一阴一阳能够调节、会通，若两个都是同性，则相排斥。

这时你会发现，原来《易经》有这么复杂的"比应"原则。但这些都不是问题，慢慢熟悉之后，将来看每一个卦时，就能立刻知道要看哪些东西：

第一，它本身的位置当不当位？初、三、五是不是阳爻？二、

四、上是不是阴爻？

第二，下卦与上卦要相应。初和四、二和五、三和上相应，这些都是参考卦象好坏的标准。

第三，相邻的爻（比）怎么样？以谦卦来说，六二与九三相比，与九三有关的是上六，上六是阴爻，九三是阳爻，两个相对，阴阳调和。

六二的爻辞是“鸣谦”，响应谦虚的态度；上六也是“鸣谦”，响应谦虚的态度。爻辞是周文王所写的，他被商纣关在牢里七年，没事做，每天就是写这些，慢慢发现其中的规则。给你七年的时间，你大概也会写了。写出来之后就会有些道理，知道什么位置应该有什么样的反应。

再者，你在六二的位置，很好，六二本身就是好位置。而且是阴爻，在二是偶数，本来就是柔的位置。所以，你最好不要动，“鸣谦贞吉”响应谦卑的态度，能够“正固”就很吉祥。

● 九三。劳谦君子，有终，吉。

意即：“九三。有功劳而谦卑的君子，有好结果，吉祥。”

上文就讲过，九三是主爻，整个谦卦就靠九三。没有九三的话，谦卦就变成坤卦了。九三是“有功劳而谦卑的君子”，有好的结果，吉祥。像这样连续三个“吉祥”，在《易经》其他卦象中从未出现过，下卦三爻三个“吉祥”的，只有谦卦。

有功劳而谦卑的君子是谁呢？这就提醒我们，没有功劳很难谦卑。就好比一个人非常谦虚，有能力、有本事、有学问，才能谦虚。如果什么本事都没有，不叫谦虚，而是实事求是。

每一个人都有专长，当自己的专长胜过别人，也不要以为自己胜过别人。你应该想到，别人也有不同的专长。每一个人都各有专长，很自然地把自己的专长当作一般的事，就不会特别夸张，认为自己胜过别人了。人活在世界上，谦卑是一种最正常、最合理的态度。

想到谦卑，就想到骄傲。西方中世纪一千多年受基督教的影响，形成一种观念，叫“七戒”，其中骄傲排第一。有部电影，片名就叫 *SEVEN*（中译:《七宗罪》)。剧情描写有七个人被杀，每个人各犯了七戒的其中一项，第一个是骄傲，然后是贪财、好色、贪吃、嫉妒、愤怒、懒惰。

我们就要问了，为什么西方人如此讨厌骄傲，而我们如此推崇谦虚呢？这都有异曲同工之妙。西方人讨厌骄傲是受宗教影响，因为人是上帝造的，实际上是受造物，叫你活你就活，叫你死你就不能不死。

然而，万物之灵的人总会扮演上帝，意图与之对抗，这就是自大骄傲的想法。因此，当人一有骄傲的念头，马上就会被上帝毁灭。可见，西方最讨厌骄傲，是因为在宗教的影响之下，人要知道自己实际的情况，有生就有死。而一个有生有死的人，他的生命非常短暂、脆弱，没有任何理由骄傲。

有人说骄傲就是了不起、有本事。但我们都知道，人稍微风一吹就感冒了，稍微出个问题，马上就不见了。很多五十几岁的人，早上还在打球，下午就走了，这种事例很多。这说明人要谦卑，谦卑不是说修养很好所以谦卑，而是本来就应该谦卑，因为没有什么条件可以骄傲。

犹太人有句格言："人类一思考，上帝就发笑。"上帝发笑，不是开心地笑，而是在嘲笑我们。人类能想出什么花样呢？像罗丹的雕塑作品《沉思者》，雕像托着头在思考，那个姿势摆出来还能思考吗？身体都扭曲了，痛苦得很。

人要安分，因为谦卑才能实事求是，就人的立场做该做的事。人跟人相处，千万不要看不起他人，他人也是上帝造的，你怎么可以看不起呢？看不起别人等于看不起上帝，上帝当然不会喜欢你。由此可从西方的背景了解骄傲的可怕。

人最怕的就是狂妄，到最后发疯了。西谚有云："上帝要毁灭一个人，会先让他发疯。"发疯的人一定是骄傲狂妄得不得了，天下唯我独尊。例如金庸小说里那些想争武林第一的人，到最后都几乎发疯，好比西毒欧阳锋想争天下第一，最后走火入魔，忘了自己是谁。这是很讽刺的例子：狂妄、发疯，最后忘了自己是谁。

看过这些例子后，再回到谦卦，你就知道它为什么重要了。因为有功劳而谦卑的君子，每个人都会肯定他，而他也会有好的结果。

● 六四。无不利，㧑谦。

意即："六四。没有任何不适宜的事，只要发挥谦卑的精神。"六四为什么可以做到谦卑呢？因为它位置好。六是阴爻，四是偶数，代表柔的位置，阴爻在柔的位置就没有问题。我们可以发现，谦卦六爻中，六二很好，九三很好，六四也不错，再往上走就是六五了。

● 六五。不富以其邻，利用侵伐，无不利。

意即："六五。不靠财富就得到邻居支持，适宜进行征战，没有不利的事。"

六五很特别，因为谦卦上面三爻都是阴爻，六五在中间，本身没有财富，是虚的，得到邻居的支持。但是它有实力，利于作战、安定社会。

为什么这么说？因为再怎么谦虚，你也是个国君；六五等于是"飞龙在天"的位置。这时，光谦虚是不行的，身为国家领袖，不能谦虚到没有原则。而是要有威严，恩威并重。不能因为是国家领袖，表现得谦虚，甚至受到欺负也都不计较。这时的你，不是为自己，而是为了国家的稳定。

像周公这么谦虚的人，也照样派兵平定武庚之乱（管叔、蔡叔兄弟造反）。他再怎么谦虚，也要出兵，因为他知道这不是为了自己的权位着想，而是为了天下百姓。历史上讲到谦恭、谦卑的时候，常常会以周公做例子，原因就在这里。

现今的领导者该怎么做呢？学习刘邦吧。我们都知道，刘邦本身的才华，远远比不上张良、韩信、萧何三人。他自己都承认："我比不上你们三个人，但是我就是可以用你们。"为什么可以用呢？靠谦卑的态度。

可见，当一个领导者，更可以发挥谦卑的精神，因为这时你有实力，位置适当。但不要因为谦卑，就统统放弃了，什么都不做或什么都让别人做，那不是谦虚。

谦卑要看位置，在六五这个位置，谦卑的表现才有相当的力量，即刚柔并济。因为六是柔，五是刚的位置，柔、刚配合在一起，就是很好的状况。否则光只有柔，要怎么当领袖呢?

● 上六。鸣谦，利用行师，征邑国。

意即："上六。响应谦卑的态度，适宜派遣军队，讨伐属邑小国。"上与六二一样，都是"鸣谦"。到上六的时候要"鸣谦"，这时也适合出兵作战，适合就是有利。

为什么上六响应谦卑的态度？因为上六与九三正应，阴阳对应；而六二与九三相比，阴阳相比。九三是整个谦卦的主爻，六二与九三相邻，上六与九三相应，所以这两爻都讲究"鸣谦"，这是呼应主爻的一种做法。

在这个卦里，初六"谦谦君子"，六四发挥谦卑的态度，几乎每一个爻都有特定的角色。从这里我们可以知道，原来每一爻是这样写出来的，每一句话的出现，都有特定的时间和空间。如此慢慢熟悉之后，我们再看谦卦，就变成一个立体的了，就知道你现在在什么位置。

任何一个位置的人都可以谦卑，绝对不能说年轻人应该谦卑一点，事实上，老人家也要谦卑。到了老的时候，乾卦是"亢龙有悔"，坤卦是"龙战于野"，还有各种灾难、战争，何况是别的卦?

四、谦卦的启示

我们学习一个卦的时候，要常常思考，可以从这个卦得到什么启发。很多人研究《易经》时不一定占卦，因为光是从义理就能得到很多启发。例如，我们可以从谦卦中思考：人生应该怎么办？谦卦六爻非吉则利，该怎么理解？这时就要问你现在处在哪一个位置，如果你达到九三的位置，那是一个检验，因为一般人有功劳就不会谦虚。老子特别强调："不自伐，故有功。"意即有成就时不自夸，如此一来，功劳就不会离开。

通常我们称赞一个人，会说他有功劳。若他谦卑地说大家合作才能完成，越是这样谦卑，大家越是肯定他有功劳。因为他不会因为有功劳，就站在上方欺压大家。如果他认为自己有功劳，就要占上风，摆出姿态来，要大家听他的，在老子看来，这样反而不好，功劳反而变成障碍。自认为功劳很大的人到了上位，会以为天下就只需要他一个人，但事实上没有那回事。有了功劳之后，还要得到别人支持，才能够维持长久。

在谦卦里面，如果考虑孔子的学生，最好的示范当然是颜渊了。颜渊在《易传》中经常出现，孔子有很多学生，但他最喜欢拿颜渊做例子。就像曾参说的，颜渊很了不起，本身学问很好，能力很强，但他还是会请教能力差的人。"有"好像"没有"，"多"好像"少"，"充实"好像"空虚"，这就是对颜渊的描写。

颜渊明明知道，为什么还要请教别人呢？实际上，颜渊的知道是理性上的觉悟。他确实知道，也确实有能力，但是每一个人不一样。例如开会的时候，你主张什么样的看法，别人不一定赞成。这时你就要设法让别人来说明他的主张。当别人在说的时候，你再呼应、附和，如此一来，效果就很大。否则，你主张“东”，别人主张“西”，到时候只会吵不完。

好的领导者就要让大家表达各自主张的东西，别人讲出来之后，你再说支持谁，这样大家都会觉得你很客观。但事实上，这一切都在你的安排之中。

颜渊是孔子最好的学生，子贡就曾经比较过，他说颜渊“闻一知十”，而自己只能“闻一知二”。古人算数以一到十为止，十代表圆满。当然，这是子贡的谦虚，但从另一方面来看，颜渊确实聪明。这时，孔子就对子贡说：“你确实比不上颜渊，我跟你都比不上颜渊。”这又是孔子的谦虚。

像这种师生之间的关系真是了不起。孔子年纪比颜渊大了三十岁，比子贡大了三十一岁。他身为老师，没有必要说“我跟你都比不上颜渊”。但是不要忘了，后来韩愈的《师说》也强调：“闻道有先后，术业有专攻。是故弟子不必不如师，师不必贤于弟子。”这样社会才会进步，如果每个学生都比老师差，那社会不是越来越差吗？当老师的就希望教出胜过自己的学生。看到许多年轻人在几年之后胜过我们，应该高兴才对，这样社会才会进步。

讲到谦卑时，不只是个人处事的态度而已，而是整个社会都应该发展谦卑的精神，这样每个人才会安分又能够负责任。

谦卑或骄傲，往往在比较的基础上才会出现。这时我们就要问了，需要比较吗？答案当然是要避免比较，一旦比较，就会涉及标准的问题。你在这个时候得意，稍微有点成绩，将来也会换别人得意。你得意的时候，别人难过；别人得意的时候，你也难过。如此一来，社会上怎么可能保持平衡、和谐呢？我们特别谈到谦卦，用意就在这里。

我们都知道，《易经》六十四卦代表了六十四种人生的处境、六十四种大的形势。而在这六十四卦里面，唯一只有谦卦是六爻非吉则利，下面三爻是吉，上面三爻是没有不利的事，都非常好。

【余韵】

谈到《易经》的谦卦，确实有很多启发，尤其是人在相处的时候，“谦虚纳百福”。一个人只要谦，“满招损，谦受益”，不但天道、地道、人道会来予以支持，鬼神也会相助。而谦虚最根本的观念，还是在于真诚。万物和人类都有一定的发展阶段，因此，我们不需过度夸张自己在顺利时的所有表现。

老子说：“天地不仁，以万物为刍狗。圣人不仁，以百姓为刍狗。”（《老子·第五章》）古人在祭祀的时候，会用草扎成狗的形状，放在祭桌上，叫作“刍狗”。祭拜时，要向它跪拜，但是祭祀完之后，这些草扎成的狗就会被乱丢在地上，任人踩踏，或被捡回去当柴烧。

这说明天地没有偏爱，万物就是刍狗。现在是冬天，该开什么花就开，到了春天，就换春天的花开。每一个季节都有不同的花绽放，过了季节，就不要问它在哪里。当你“荣”时，兴盛的时候，就上台；当你“枯”时，别人让你下台的时候，你就下去吧。万物就是以这样的方式在轮转，作为人类，有什么好狂妄、骄傲的呢?

“圣人不仁，以百姓为刍狗”也是一样。圣人是悟道的统治者，悟道之后，统治老百姓就要以老百姓为刍狗。例如，先发展这个地方，将来再发展别的地方，不能说整个地区同时发展。现在发展沿海，接着再发展内陆；先发展哪一省，再发展哪一省，都有轮流顺序。不可能一直发展沿海，否则将来说不定要到海上去了，没有地方可以走了。任何地方都一样，都会有轮流上场的机会。

这是老子的智慧，看的是整体，没有任何偏爱，因为自然界的规则是客观的。

以上介绍谦卦，要把这些放在心中参考，看这个卦的时候，相信大家会看得更清楚、更透彻。

我们已经介绍了三个完整的卦：乾卦、坤卦、谦卦。后续再谈别的卦的时候，会以几个卦合起来的方式来说明，因为这样材料比较丰富。从这些卦可以清楚知道，自己处在人生的何种处境、状态，应该采取什么样的态度来面对、因应。

第七章　面对困境的智慧

一个人在顺利的时候，往往不容易听人劝告，但是处在困境的时候，就会愿意去听。有些时候，我们不需要等别人建议，自己就可以了解。在《易经》六十四卦中，有所谓的四大困难的卦，即屯卦（䷂）、习坎卦（䷜）、蹇卦（䷦）和困卦（䷮）。屯卦是万事开头难；习坎卦是危机四伏；蹇卦是山穷水尽；困卦是坐困愁城。这些都是所谓的困境。

一、困境会激发成功的动力

困境真的那么可怕吗？其实不然，面对困境，很多人都有成功的经验，困境对他们来说，不见得是坏事。大家都知道中国的篮球明星姚明，姚明曾经在接受访问时说，他自己有五大缺点：第一是左耳听力有问题；第二是肩膀窄（当然我们看不出他肩膀哪里窄了，可能跟身高比例有关）；第三是手臂的长短与身高不成比例。一般人双臂张开的宽度就是身高，但他的手臂张开还不到个子高；第四是臀部大；第五是脚后跟跟腱短。

就因为这五大缺点，他才刻苦努力练习，最后克服之后，才得以出人头地。所以，对于运动员，千万不要以为他生下来就很厉害，没那回事。

又例如迈克尔·乔丹，他打篮球的镜头，实在是让人回味无穷。他说自己年轻时练习打篮球，每天要投进五百颗空心球，才让自己休息。知名的高尔夫选手老虎伍兹从八岁就开始学高尔夫球，打了十三年，到了二十一岁才拿到全美高尔夫球冠军。

我还记得美国以前有一位田径女将，参加奥运得到两面金牌，退役后改打高尔夫球，结果两年之后，就得到全美国女子高尔夫球赛冠军。体育报道纷纷说她是运动天才，但这位女运动员出来抗议，她说自己不是天才。从她练习打高尔夫球开始，每天挥杆一千多次，挥到手发抖、抓不住球杆为止。一年之后，球杆就跟手一样，就像连在一起了，爱怎么挥就怎么挥。这就是长期苦练，使技术变成本能、艺术了。

可见，成功没有侥幸，有时候困境反而会激发一个人成功的动力。我现在到处上课，很多人常说我口才不错。这实在是个误会，我从小就有严重的语言障碍，即口吃。你能想象吗？我读小学时，最怕老师叫我起来念课文，只要一被叫到，我就口吃，一个字重复几十次还念不出来，惹得全班大笑，有时候老师笑得最大声，我因此非常自卑。但是现在我为什么可以演讲呢？因为以前有过惨痛的经验，从这些痛苦中，我逐渐发展自己的专长，而这就是所谓的困境磨炼。

二、屯卦：万事开头难

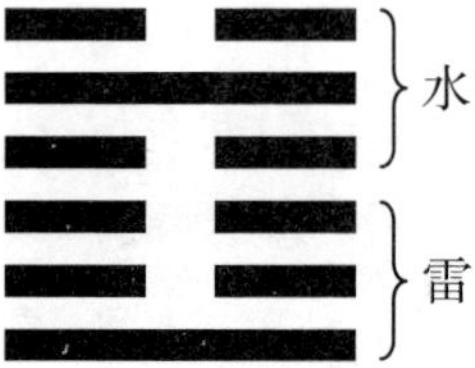

屯卦卦象

屯卦是《易经》的第三卦，卦象是“水雷屯”，上面是水（坎），底下是雷（震）。这个卦为什么排第三呢？因为天、地开始交通，天是乾卦，地是坤卦，阴阳交错之后第一个出现的就是屯卦。

屯卦代表的是自然界的洪荒时代，很多电影介绍洪荒世界的时候，像南美洲、非洲的原始丛林，都是这样，环境让人觉得很可怕，飞禽走兽都是敌人。在这种地方，人类要如何生存？人的体力太弱，跑不过马，力量也斗不过牛，任何一只野猪都可以把人摆平。

屯卦描写的“洪荒时代”，屯卦《彖传》曰：“屯，刚柔始交而难生。动乎险中，大亨贞。雷雨之动满盈，天造草昧……”意即："阳刚之气与阴柔之气开始交流，困难随之而生。在险恶中活动不已，要使一切通达而正固。打雷下雨遍布各地，上天的造化仍在草创冥昧的阶段。"

我们常说，我们的祖先"筚路蓝缕，以启山林"。这说明了万事开头难，在这个时候，应该先安定下来，因为即使想发展也没机会。屯卦下卦是震卦，代表动；上卦是坎卦，代表危险。就好比刚刚有了机会，准备好好发展，但上面是水，有危险。里面想动，外面有危险，怎么动都不会有结果的。

屯卦卦辞说："屯。元亨利贞。勿用有攸往，利建侯。"意即："屯卦。开始、通达、适宜、正固。不要有所前往，适宜建立侯王。"卦辞告诉我们，不要急，要安定下来，先建立人间的部落，找一个好的领袖，因为人群合作是人类社会继续生存的第一步。假设要创立新公司，不要马上图发展，首先得稳定基础，建立内部秩序。

安定不容易，因为看到别人的发展，自己会心急。别人一日千里，几年下来变成大企业，自己则还在原地踏步。不要着急，因为你才刚刚开始，如果基础没有打稳，将来的发展也不会太远。

屯卦就是要提醒我们，在刚刚开始的阶段，一定要记得先稳定下来，打好基础。有时候安静、稳定，也是一种很好的决策，是一段蓄势待发的阶段。

屯卦接下来是蒙卦，蒙卦代表启蒙。由此可知，原来历史的发展也像小孩子一样，眼睛蒙着只靠本能很危险，必须启蒙。

屯卦有“坎”在上，坎代表陷阱、危险。如果非走不可、非动不可，从以下的六二、六四、上六三爻爻辞就可以知道。

●“六二。屯如邅如，乘马班如。匪寇婚媾，女子贞不字，十年乃字。”

意即：“困难重重，徘徊难行，骑上马也是团团打转。要是没有盗贼，就前去结婚了。女子守正而不出嫁，十年才可出嫁。”

●“六四。乘马班如。求婚媾，往吉，无不利。”

意即：“六四。骑上马而团团打转。若是要求结婚，前往是吉祥的，没有什么不适宜。”

●“上六。乘马班如，泣血涟如。”

意即：“上六。骑着马团团打转，哭泣得血泪涟涟。”

由爻辞可知，骑上马团团转，寸步难行。很多时候，我们都希望能够一日千里，立刻就有成绩。结果发现时机不成熟、条件不具备，还是原地打转，白费力气。

因此，看到屯卦就要知道，任何时候的开始都不要着急，先稳定基础。假设你高中毕业，进大学的第一年是新生，要少安毋躁；大学毕业后进入社会，也不要着急，因为你才刚刚开始。

对照别的卦也可以发现，乾卦都说“潜龙勿用”了，何况是屯卦呢？骑上马团团打转，这就强调了不会有发展。那么，就先建立自己的基础。万事开头难，开头是危机，也是个转机，把握住这个契机，后面就不会有危险了。慢慢发展，会有很好的未来。这是第一个困难的卦——屯卦。

三、习坎卦：修德习教，诚信为上

习坎卦卦象

第二个困难的卦是“习坎卦”。“习”代表重复，上面是水，底下也是水，两个坎在一起，就叫“习坎”。这个卦一出现，我们就知道得小心了，因为重重险阻，步步危机。这时只能希望“无咎”，不要有灾难。

当碰到危机的时候，不要希望立刻反败为胜，这时要求的是能够诚信。人在困难的时候，要保持诚信。为什么可以做到诚信呢？我们看卦象，九二和九五中间两个位置都是实在的，而另外四个位置是虚的，代表中间很实在，内心很真诚，别人可以相信你。

危险不见得不好，有时候危险会提醒你，让你更谨慎。而且水流是有常性的，“流水不腐”，流水里面的东西是不会腐烂的。讲到“险”这个字，人生也不能没有危险，古代就有天险、地险、人险。天险就是春夏秋冬所造成的季节变化，是人类无法克服的。地险就是所谓的“高山大河”，古代建立城邦，就要注意这些。

孟子有一句话可以作为参考：“天时不如地利，地利不如人

第三个困难的卦，叫作“蹇卦”。蹇卦就比较有趣了，它是“水山蹇”。“蹇”字很特别，底下是足，等于是脚走累了，走不动了。人生到这个时候，叫作“山穷水尽”。我们都知道，山本来是阻挡，看到山（艮）就停止；艮就是止，水就是危险。如果说水在上，山在下，山已经是阻碍了，山上还有水，还有危险，谁还能走呢?

碰到蹇卦怎么办呢？我举一个例子：二〇〇七年暑假，我在北京前后待了四十多天。从台湾出发之前，我占了一卦，就占到蹇卦。蹇卦代表什么？很累，困难重重，因为我第一次在大陆待这么久。蹇卦底下是脚，代表会走得很累。我于是想到一个办法，到北京之后，只要有空，隔天晚上都会去做足底按摩，因为卦象显示底下有双很累的脚。结果，那四十天就靠足底按摩恢复精力，过得还不错。

对我来说，看到这个卦，提醒自己要做足底按摩，这是巧合，也是灵感，因为古人并没有足底按摩这一套。我们学了《易经》之后，心思要灵活，千万不要“一言以蔽之”，认为一个解释就能通到底，没那回事。《易经》的可贵就在这里，让你充满各种想象的空间，因为它本身就是符号象征，有很多的可能性，就看你如何就地取材。

碰到蹇卦，就是碰到阻碍，这时该怎么处理呢？很简单，退回去。也就是在适当的时候要顺从，不要勉强；在这个阶段，一切都顺从外面的安排。这时，不要有个人主观的立场，坚持一定要如何。就算坚持，也不见得做得到。因为这一卦是大的形势，形势比人强，所以在这种情况下，要设法顺从，做自己能做的事。

在《孟子》中，就强调“反求诸己”。以上述我自己的例子来说，很多人可能会问，既然占到蹇卦，怎么不退回去，为什么还要到处跑呢？因为已经有计划了，而毕竟蹇卦还没有到伤害生命的地步，所以要继续进行。只要心里知道这是蹇卦，进行的过程中心里有数，保持低姿态、低调、顺从就好了。

也就是说，任何问题都要先问自己，不要归咎于别人。譬如，遇到有困难时不要怪别人，要先怪自己。这就是孟子的原则，他说：“爱人不亲，反其仁。”我如果对别人好，别人并没有对我这么样亲近，我就要问自己，是不是不够仁德；我爱护别人，别人跟我疏远，不愿意跟我亲近，我就要问自己是不是不够仁德。

教书教久了，有时候会觉得有点遗憾。我对学生很好，但学生看到我就跑。学生一般都不太喜欢跟老师照面，照面时，我会问对方最近有没有读书、功课怎么样。这对学生来说就有压力了，因此，以后只要一见到我就转弯。我对学生这么好，学生对我不够亲近，我不能怪学生，要反省自己是不是不够仁德、不够爱心，应该对他们更好。这是第一。

第二，“治人不治，反其智。”“治”即治理别人，别人不上轨道，我就要问自己够不够聪明。因为我当一个小单位主管，治理别人，治了半天还是无法上轨道，这时不要怪别人，要怪自己是否不够聪明，以至于没有找到理想的治理方法。

第三，“礼人不达，反其敬。”我对别人很有礼貌，但是对方根本就不回应我，甚至不太理我。这时，我要问自己是不是不够恭敬，否则我表现得很有礼貌，对方为什么对我不太搭腔呢？这代表我虽然有礼貌，但是态度恐怕不够恭敬。

我们知道，孟子给人的印象很强势，大家都说他喜欢辩论。孟子说：“予岂好辩哉，予不得已也！”（《孟子·滕文公下》）他是不得已，因为作为儒家，一定要先自我要求。

看到蹇卦时要记得，如果此路不通，就先返回；要“反身”自我要求，“行有不得者，皆反求诸己”。做任何事，没有达到预期的标准，不要怪别人，要先“反求诸己”，自己是不是做得不够好？是不是没有用心把事情完成？这就是蹇卦，第三个困难卦。

五、困卦：天无绝人之路

困卦卦象

第四个困难卦，就是“困卦”。“困”就是不能施展，坐困愁城。困卦是泽水困，沼泽里没有水了，水都从沼泽底下流走了。

没有水，根本就不成沼泽。很多人喜欢沼泽，是因为它带来喜悦（兑卦代表喜悦），在古代，沼泽的水是人和其他动物所必需的。“泽水困”则是泽在上，水在下不见了，这就叫作“困”，无路可走。

“泽水困”是无计可施，特色是“有言不信”，说话别人不会相信。什么意思呢？我们都知道，一个人陷入困难之中，说的话周遭的人都不愿意相信，因为锦上添花的人多，雪中送炭的人少。当你困难的时候，别人帮助你，不是也会跟着陷入困难了吗？帮你再多的忙，也不知道这窟窿有多大、能不能帮成，所以还是避开得好。

一般人都有这种想法，看到对方倒霉的样子，不太能够翻身了，我们都会避开，反正人生的困难自己要去面对。我们自己陷入困难的时候，不也是一样吗？大家都知道你陷入困难，“坐困愁城”，但别人不愿意帮忙，你说话别人也不太相信，再怎么诚恳也没什么用。这确实是真正的困难所在。

遇到这一卦，该怎么办？要祭祀，例如：“九二。困于酒食，朱绂方来，利用享祀。征凶，无咎。”意即：“九二。困处于酒食中，大红官服刚刚送来，适宜用来祭献。前进会有凶祸，没有灾难。”此外，“九五。劓刖，困于赤绂。乃徐，有说，利用祭祀。”意即：“九五。鼻被割去、足被砍去，困处于红色官服中。于是慢慢行动，可以脱离困境，适宜举行祭祀。”

一卦六爻中出现两次祭祀，这种情况很少。我们都知道，古人把祭祀当作生活中最重要的一部分。譬如夏、商、周三代，商朝人对于祭拜鬼神特别用心，后人就批评商人尚鬼。商朝天子一年有一百一十二天要到庙里祭拜祖先。一年不过三百六十五天，换句话说，几乎每三天就有一天早上起来要到祖庙祭拜祖先。这说明他们太相信祖先的力量了。

到了周朝，就比较相信人文，比较相信人自己的力量了。周公制礼作乐，孔子特别推崇他，这跟他的人文精神有关。但是，祭祀的风气在商朝如此，在周朝也有类似的情况，尤其是在困难的时候。试想，在困难的时候，呼天天不应，叫地地不灵，没有人愿意帮忙，因为你说话别人不太相信。

人在困难的时候，为求脱困，有时候什么话都说、什么事都答应。例如，跟人借钱周转时，什么话都说得出来："把房子卖了也会还你。""下个月绝对还你。"我就碰过这样的朋友，表现得很诚恳，而我就是没有记住《易经》的教训：一个人在困境的时候，说话要打折扣。还是相信他了，因为我们受到儒家的教育，总觉得朋友的情义超过财物。但是，对方借了钱以后人就不见了，他也不是故意骗我，实在是无能为力。这就是帮忙他人时，自己也陷入困境。

这时不要急，人在困难的时候，在世上找不到出路，还有祖先。所以这时要祭祀祖先，祭祀的时候，心神会专一，心会静下来，好好思考自己为什么会走到这一步，以后就不会重蹈覆辙。

倘若遇到困难，得到别人的帮助，过了几年，情况还是一样。

因为人的性格会决定命运，什么性格就会做什么事，最后的结果经常都是重复的。黑格尔说过一句很好的话："人类从历史中只学到一个教训，那就是人类没有学到任何教训。"也就是说，一个人会重复犯下过去曾犯的错误，国家、社会也是如此。

这时讲到祭祀，代表把心思往上提升。《易经》有好几处都提到祭祀，一方面是因为在古老的年代，人类本身的能力有一定的限制，知识也不够发达，对自然界的了解更是有限。

古人之所以重视《易经》，是因为天子有困惑时，有五种方法解惑：一、自己好好思考；二、找各部门的大臣来商量；三、询问老百姓的意见；四、杀一只乌龟，用龟壳占卜；五、用《易经》占筮。最后，五个方法合起来再问：要问的问题是哪一方面？因为不同方面的问题，要看不同的组合，哪几个赞成？哪几个反对？然后综合各方面的意见，提出一个妥善可行的决策。

由此可知，古代在面对困境时，也需要透过占卜、占筮，向神灵祖先请教。因此，走入困境的时候，千万不要忘了上有祖先。

我们常说："天生我材必有用。"这句话说得太远了，最稳定的应该是："天无绝人之路。"自己陷入这一困境，总有路可以走。人生一定有路可走，只要你活下去。在困卦里面，不能忽略这些意思。

后再寻求发展。

如果占到屯卦，却非进行不可的话，它里面也提到，即使你骑上马，也是团团打转，因为有大雷雨。因此，由屯卦可知，任何事都要注意形势。

二、习坎卦，重重危险。这时候该怎么办？要特别诚信，开始修养德行。很多时候，危机就是转机，在危险的情况下，尤其要掌握到九二和九五两个阳爻。这两个中间的位置是实实在在的，只要中间把握住了，另外四个阴爻就没有多大的关系了。因此，在习坎卦里，要特别注意诚心，要能够知险，谨言慎行。

三、蹇卦，出门在外，底下是足，代表走路不顺。“水山蹇”，山叫你停止，水又代表危险，几乎是穷途末路，面临山穷水尽的状况。有句诗句说得很好：“山重水复疑无路，柳暗花明又一村。”（陆游《游山西村》）碰到蹇卦的情况，就要回头，“回头是岸”。而且，不只是回头，还包括自我反省。回头代表自我要求，孟子说，跟别人来往，“行有不得者，皆反求诸己”。回过头来要求自己，就会改善自我，改善之后再进行，路就通了。

人生不可能要求事事顺利，那不是人生，我们一再强调这一点。台湾有句俗话说得很生动：“吃苦就是吃补。”小孩子如果没有经历任何痛苦，将来很难发展。柏拉图是西方的大哲学家，没有结婚，但是他对于小孩子的观察，有一句话确实说得很好：“要害一个孩子，最有效的方法就是让他心想事成。”尤其是三四岁的小孩子，完全满足他的欲望，这个孩子将来就是废物了，完全没有抗压性，情绪智商也很差，无法忍受挫折。

相反的，小时候很多欲望不能实现，可以让人了解自己，接受自己的位置，然后从中发展。小时候有痛苦、有困难，反而是培养训练自己最好的机会。因此，“反求诸己”是一个很好的立足点。

四、困卦，真正的困难来了。泽中无水，简直是坐困愁城，一筹莫展。说话也没有人相信，因为别人一心认为你想逃避困难。人在困难的时候，什么话都愿意说、什么约都愿意签，签了之后变成废纸。

困卦提醒我们要祭祀，你不一定要信仰宗教，但家里面至少有祖先。祭拜祖先的时候，要收敛心神，知道自己的生命是有祖先的。这一想通之后，就能在困境中开始改变心态，用不同的态度来面对目前的处境。到最后，困境也会过去的。

每一个卦都有它的特色，不是固定的，不可能一辈子都在困卦里，一定是不断在变的。就像困卦倒过来会变成“水风井”，井卦就不一样了，是一个很好的卦。可见，《易经》的每一卦与其他很多卦都有关系，稍微一个爻变，就会变成新的卦。这说明了在遇到困难的时候，只要在某方面设法调整，改变一点点因素，后面就会跟着改变。因为《易经》是探讨变化的书，其中充满无限的变化。

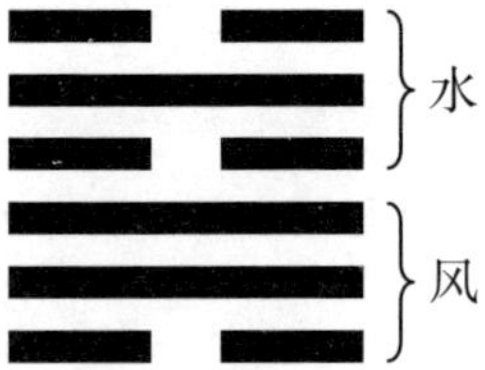

井卦卦象

我们谈到面对困境的智慧，因为人生的困境是难免的。碰到困境的时候，不但不要灰心、气馁，反而要认真了解当下是何种情况，是"屯"、"习坎"、"蹇"，还是"困"？

当然，除了这四个标准的难卦，其他还有困难的卦，只是这四个比较具有代表性。在《易经》当中，若要细分，六十四卦中有三十二个是比较顺利，三十二个比较有困难的。接下来还会谈到哪些卦很顺利，为什么可以吉祥？为什么可以顺利？了解之后，就可以往那个方向去发展。

整部《易经》的思想，经由这样一路慢慢介绍下来，希望读者可以从中开始理解。书当然要读，但关键是读完之后，放进自己的生命经验里，对照时尽量保持客观。很多事不是你要就有，与其如此，不如先设法了解，了解之后才能采取适当的方式来面对。我相信以这种方式和态度来学习《易经》，对人生才会有真正的帮助。

【《易经》小常识】

《易经》问卜用语

在开始占卦时，先在心中默念：“假尔泰筮有常，某（自己名字）今以某事（想要占问之事），未知可否。爰质所疑于神之灵，吉凶、得失、悔吝、忧虞，惟尔有神，尚明告之。”

《易经》卦爻辞对吉凶下的断语，依序可分为九个等级：

● 吉：吉祥、吉利，成功之象。

● 亨：畅通，顺利。

● 利：有益，适宜。

● 无咎：没有过错，平平常常。

● 悔：“小疵”，有过失而悔恨，能接受教训，走向“无咎”，趋向“吉”。

● 吝：也是“小疵”，羞辱，但不知羞辱会走向“凶”。

● 厉：危险，但吉凶未卜。按照卦爻辞的指示做就能化险为夷，反之则是致凶，变本加厉。

● 咎：出现过失，要承担责任，比凶的后果要好一点，但灾害是免不了的。

● 凶：凶恶、凶险，最坏的后果。

第八章　自求多福的方法

“自求多福”四个字，在《诗经·大雅·文王》就出现过：“永言配命，自求多福。”意思是要设法经常配合自己的使命，以自求多福。一个人要自求多福，当然得靠自己，首先要知道大形势，譬如自己处在什么位置，别人跟我是什么关系、目的为何？了解得越多，越能掌握到自己的主动性。

西方有个小故事：有个小女孩在旅馆门前，很多人拿她开玩笑，让她选择要一块钱还是五毛钱，小女孩每次都选五毛钱。大家就说，怎么会有这么笨的孩子，怎么会选择五毛钱呢？其实，因为小女孩知道，如果选一块钱，下次就不会有人找她玩这个游戏了。像这样就是了解自己的处境，以及别人的心态。如此一来，与人互动的时候，就知道该采取何种方式，以达成效果。

接下来要介绍的几个卦，是《易经》中很特别的卦象。有的卦在卦辞中直接提到“元吉”，即上上大吉；有的卦则在第六爻说到“元吉”。“元吉”在《易经》里出现不过十几次，在此特别挑选其中四个卦来做说明。有两卦是卦辞说“元吉”，只要占到这个卦，上上大吉；另外两个卦是走完的时候说“元吉”。平常一个卦走到最后不是上六就是上九，通常都不太好。一个卦结束的时候，等于是要下台了，要离开这个卦了。因为每一个卦都代表一个世界，上有天、下有地，中间是人，不断在运转中。

一、损卦：损己利人

首先要介绍损卦（䷨）。损卦卦辞说：“损。有孚，元吉，无咎，可贞。利有攸往。曷之用？二簋可用享。”意即：“损卦。有诚信，最为吉祥，没有灾难。可以正固。适宜有所前往。要使用什么？二簋就可以用来献祭。”除了卦辞中出现了“元吉”，同样在第五爻（六五）也出现了“元吉”：“六五。或益之十朋之龟，弗克违。元吉。”

关于损卦，孔子有个学生，名字正好叫作“损”，就是有名的闵损，即闵子骞。闵子骞以孝顺闻名，在孔子学生当中，德行排名第二，仅次于颜渊。他从小母亲过世，父亲娶了后母，又生了两个弟弟。有一次，冬天的时候，父亲叫他拉车，他拉不动，父亲于是用皮鞭抽打他，结果把棉袍都打破了，才发现棉袍里面是稻草。父亲当然很生气，认为妻子怎么可以虐待孩子，非要把她休掉不可。闵子骞当时就说：千万不要这么做，“母在一子寒，母去三子单”。

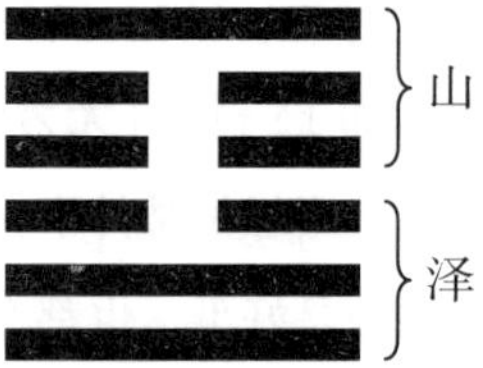

损卦卦象

损卦有一个阳爻在上面，等于是卦有卦的变化。损卦的变化很简单，因为上面的上九是从底下上去的，所以底下减损一个阳爻，等于是上面一个阳爻，才能形成一座山。这是损卦的基本卦象，我们看每一个卦时，会先看卦象。卦象往往配合了所谓互动关系所形成的自然现象，由此可以开始联想，为什么“山泽损”的损是好的——因为损己利人。

损卦需要几项条件，第一，要诚信。要真诚、有信用，愿意去做，不是勉强，也不是为了别的动机或目的。第二，要有奉献的心。有奉献的心，就不用为自己担心，因为你愿意做损己利人的事。当一个人损己利人，自然会到处受到欢迎。有时候在一个单位里面，有一个人甘于牺牲奉献，任何劳累、辛苦的事，他都愿意做，毫不计较，时间久了之后，大家都会觉得这个人很好相处、很愿意帮忙。

现代社会是一个用服务代替领导的时代，愿意损己利人，当然会普遍受到欢迎了。这也完全符合老子的观点，也就是领导别人时，要站在别人后面，不要站在别人面前给人压力；说话时要谦卑，让别人感觉受到尊重。

我们且看损卦的《大象传》:“……君子以惩忿窒欲。”损卦有什么样的教训呢?“惩忿窒欲”,意思是说要能够压制自己的愤怒,谨慎戒惕自己的欲望。毕竟人的欲望很复杂,愤怒的时候力量最大,因为生气、愤怒会使人失去理性。

人跟人相处,有时会觉得不公平、不合理,这时自然就觉得自己生气是有道理的。生气是一种情绪,会带动力量,所以当人愤怒的时候,力量特别大。

因此,修炼的时候就要从愤怒着手,生气时要设法压制、消解;有欲望时就要让它窒息,不再发展。欲望得到发展,一定是倒过来——损人利己。因为欲望总是以自我为中心,这是很自然的。

有人问:为什么要违背人性自然的欲望,不是“人不为己,天诛地灭”吗?这句话太可怕了,没有什么道理。人不自私,还不是一样活得愉快、活得很好,而且受人欢迎。

一般来说,跟别人相处,要考虑到对方的需求,对方得到快乐,我们自然就得到快乐。就好比孩子孝顺父母,让父母快乐,孩子就是第一个受益者。当然,孝顺不是为了对自己有利,而是要设法让父母开心,父母开心,自然就会对孩子好。

人与人之间,有时候先付出,看起来会有点冒险、吃亏,事实上,恐怕最后自己得到更多。而且付出越多,越觉得自己内在充实,因为你会感觉到人与人心意相通。物质只是有形可见、可以计算的东西,可多可少、可有可无。但是心灵是感觉得到的,自己知足常乐，对外在事物没有特别的执着，就是件很快乐的事。

谈到“利己”与“利他”，西方有这么一个简单的故事：很多美国学者根据研究之后，觉得人还是会为自己着想。例如，等飞机时，有人心里会想“别人的飞机都来吧，我的飞机不来没关系”吗？没有这种人，每个人等飞机时都一样，都希望自己的飞机能够准时起飞，别人的就管不着了。

因此，美国有位教授一直教导学生：“我们就是替自己考虑，讲求利己。”结果有一天，这位教授上街的时候，后面跟着一个学生，但他并不知道。他听到旁边的乞丐大声喊：“可怜我吧，给我点钱吧。”便真的给了他钱。这时，学生立刻跑上去说：“老师，你不是教我们要利己，不要利他吗？你为什么还要给那个乞丐钱呢？”教授回答：“我还是在利己，因为他叫的声音太难听了，我听了很难过。为了使我自己不难过，我只有让他闭嘴；为了让他闭嘴，才给他钱。”换句话说，利己的同时，也可以利他，两者并不互相妨碍，与损己利人其实是殊途同归。

这是我们第一个介绍的“损卦”，损己利人，以下来帮助上，等于是“山泽损”的“泽”帮助“山”。总的来说，损卦是损下益上，下为内，为己；上为外，为别人。能做到损己利人，表示“有孚”（赢得信赖），然后就“元吉，无咎”，并且“可贞”。以诚信与人交往，以己之能来帮助别人，所以“利有攸往”。

二、履卦：一切依礼而行

第二个要介绍的卦，走到最后出现了一个“元吉”，叫作履卦（䷉）。“履”字，即依礼而行，但是“履”和“礼”二字要分开。“履”代表鞋子，代表走路。人生就是走路，西方人很喜欢说：人生就是旅行。正因为人生就是旅行，所以我们才说生命在天地之间只是一个过客，不是归人。因此，这时就要注意到礼仪、礼节、礼貌。

人与人相处，为什么要讲“礼”？古代讲究“礼乐”，讲“礼”，使人与人之间分得很清楚，例如“长幼尊卑”。一提到长幼尊卑，就觉得很严肃。我们小时候看到长辈都会很紧张，大人说话，小孩子不能插口；吃饭时大人没动筷子，小孩子不能吃，这些都是我们小时候学到的礼。可见，礼的原则是“分”，为什么要分？因为人与人不能够一天到晚打成一片，没有规矩怎么建立人间的秩序呢？

“礼”也是规规矩矩的态度。一谈到“礼”，首先就要鉴定身份：你是什么身份，我是什么角色，我们之间应当如何？“应当”两个字就代表规矩，一定要遵守。孔子教学生颜渊时就说：“非礼勿视，非礼勿听，非礼勿言，非礼勿动。”（《论语·颜渊》）视、听、言、动，都要按照“礼”来做。孔子自己也不例外，他说他自己“七十而从心所欲不逾矩”，到了七十岁才能“从心所欲”而不会违背规矩。他在七十岁以前，“从心所欲”偶尔还会“逾矩”。

孔子很诚实，我们差远了，“从心所欲”必定“逾矩”，一“从心所欲”，就违背规矩。规矩包括礼仪和规范，人活在世界上，不能没有规范，因为人有自由。有自由而没有规范，将会形成灾难，每个人都以私害公、以权谋私。这样一来，社会怎么办?

“乐”则是“和”，“和”就要靠音乐。我们都有这样的经验：上班时很紧张，忽然有人放音乐，心情马上就轻松了；老板、员工很亲切、很愉快，大家有了默契，情感就变得比较协调了，这就叫作“和谐”。“礼”重视“分”，“乐”重视“和”，人生就是要有分有和，才能有适当的关系，保持长期稳定的秩序。

说到履卦，它的卦辞特别提醒我们“履虎尾”，踩到老虎的尾巴。履卦卦辞说：“履。履虎尾，不咥人，亨。”意即：“履卦。踩在老虎尾巴上，老虎不咬人，通达。”《易经》的卦辞中很少会出现老虎，但在“履卦”出现了。

履卦卦象

履卦卦象是“天泽履”，六爻只有六三是阴爻，其他五个是阳爻。我们还记得，当出现五个同样的爻和另外一个不一样的爻时，这个不一样的爻就会变成主爻。在履卦当中，六三是唯一的阴爻，因此就成了主爻。

六三是阴，面对一个卦里面五个阳爻，压力很大，因此要重视礼仪。面对很多人时，尤其是面对长辈的时候，就好像踩在老虎尾巴上，但是老虎不咬人，为什么？因为你有礼貌。面对长辈、老师、父母亲，要小心按照礼仪规范，该怎么说话、怎么做事、手脚该怎么摆，都得照规矩来。如此一来，就算你踩到老虎尾巴，它也不会咬你，因为你有规矩。

有时候，人站在一个高的位置，要对付底下的人很容易，我在美国读书的时候也碰过类似的情况。当时我有两位指导教授，在临近毕业时，其中一位教授对我说，他们两人打过电话商量到底要不要让我顺利毕业。他跟我讲话的时候，脸上有一股杀气，我看了很紧张，因为在美国读书压力很大，“非我族类，其心必异”，外国人的心根本猜不透。

我的指导教授是从比利时来的，情绪智商很差，喜怒哀乐阴晴不定，同学们给他起了个绰号叫作“最不可预测的人”。我曾经亲眼看到他把一个博士班学生写的三百页论文丢在地上，这要是发生在台湾还得了，一定会有人立刻找来报社记者，说教授欺负学生。但在美国没那回事，他堂堂一个耶鲁大学的讲座教授，把博士生的三百页论文丢在地上，学生还得低头捡起来回去重写。这说明人在年轻的时候，尤其当学生、晚辈时，确实很危险，只能自求多福，从危险中完成挑战。

可见，“履卦”和我们这一生怎么走路、做人处世、一辈子的发展，都有关系。有礼仪、礼节、礼貌，就可以走遍天下。

“履卦”走到最后，才出现“元吉”：“上九。视履考祥，其旋元吉。”意即：“上九。审视走过的路，考察吉凶祸福，如此返回最为吉祥。”

换句话说，“履”（礼）要坚持一生，不能说到了中年了，已经当上基层主管了，就不要“履”了。不行，“履”要一辈子做到，尤其到老也是一样。因为老人家需要年轻人来照顾、奉养，这时也要按规矩来。

规矩对人来说，的确是一种束缚，但如果没有这个束缚，世界会变成什么样子？从这个角度来思考，就知道“履卦”有它的用意。“履”就是走路，代表人的一生，你这一生要怎么走？按照礼仪，否则就好像踩在老虎尾巴上。古人常说：“伴君如伴虎。”意思是指不要以为在帝王身边，权力就很大；权力越大，危险程度也就越高。因此，要懂得按规矩办事，只要照规矩来，就没有人能怪你。

《孟子》里有一段话，说齐景公打猎的时候，叫一个猎场的管理员过来，但是他用的方法不对。猎场管理员的官位很低，国君叫他的时候，只要拿下皮帽一挥，猎场管理员就会过来。结果齐景公用旗子一挥，叫管理员过来，而挥旗其实是代表叫将军过来。

挥旗子、帽子，或其他代表的信物，用意是呼叫不同的人过来。挥旗子叫猎场小官过来，他当然不敢来，因为他知道要是来了，就会被杀头——因为不守规矩。但是另一方面，国君呼叫若是不到，也会面临杀头的危险。

孟子讲这段话时，特别引用孔子称赞这个小官的话："志士不忘在沟壑，勇士不忘丧其元。"（《孟子·万章下》）孔子称赞猎场小吏坚持得是，不是他所应该接受的召唤之礼，就不前往；他就是不去，因为他知道横竖都是死，至少要坚持原则。由此可见，"履"（礼）真的很重要，中国被称为礼仪之邦，是有道理的。

三、井卦：有福同享

井卦卦象

第三个卦叫作"井卦"。古时候有"井田制度"，另外，"井然有序"、"井井有条"等成语，也跟"井"有关。因为古代社会"改邑不改井"，搬家的时候整个村庄迁移，井不能带走，所以你要迁就它。

井卦的卦象，叫作"水风井"。"风"代表巽卦，巽卦代表木头，水装在木桶里面，把水从井里面打上来。井卦和履卦一样，到最后才出现"元吉"，我们且看井卦六爻爻辞：

●“初六。井泥不食，旧井无禽。”意即：“初六。井中的淤泥不能食用，旧的水井没有禽兽来。”

●“九二。井谷射鲋，瓮敝漏。”意即：“九二。井中积水向下流注，水罐又破又漏。”

●“九三。井渫不食，为我心恻。可用汲，王明，并受其福。”意即：“九三。井淘干净而不去食用，使我内心感到悲伤。可以用来汲水，君王英明，大家一起受到福佑。”

●“六四。井甃，无咎。”意即：“六四。井的内壁砌好了，没有灾难。”

●“九五。井洌寒泉，食。”意即：“九五。井中有甘洁清凉的泉水，可以食用。”

●“上六。井收勿幕，有孚元吉。”意即：“上六。井口收拢而不要加盖，有诚信而最为吉祥。”

井卦六爻非常生动，一开始就说，旧井底下都是淤泥，连飞禽走兽都不过来。最后只有把淤泥清除掉，把井壁砌好，把井口收拢。井卦描述了古人的生活模式，人不能离开水；在古时候，到任何地方都要找水井，没有水井，就无法生活。

从第一爻、第二爻、第三爻一直上去，到第四爻，水井的修复工作大致已经完成了，但还是不够好。到第五爻时，井中的水就非常清凉可口了。因此，占到井卦时就要知道，整个过程不到最后的结果，都不算很好。因为井卦的卦辞就提到：“汔至亦未繘井，羸其瓶，凶。”把水打上来，瓶子在井口撞破，就是凶。

所以，占到井卦要小心，这个卦一定要走到底，直到水已经离开井口，真的可以饮用了，才是好事。否则，井水如此清凉、甜美，但是没有打上来，还是没用。等于做一件事，到最后没有结果。

井在古代是一个重要的资产，所以经常有人在井边打架，这时，“井”就代表要讲求秩序。我们经常说“往来井井”、“井然有序”，就来自古人用井的方法。正如到井边打水不排队，每个人都要挤进去，井口那么小，怎么可能让每个人都如愿以偿呢？一定会出现许多复杂的问题，因此要按照顺序，一个一个来。井卦就是在提醒我们，要设法坚持到最后结束，才能得到井水的利益。

最后一爻是最精彩的部分。当一个井做好之后，上六“元吉”。为什么到最后居然是最好的呢？因为你把井都做好了，“井收勿幕”，上面不要加盖子，大家来分享。不管做任何事，只要想到与大家分享，就没有问题了。一个人成功，基本上都是好事，如果你的成功是建立在别人的失败上，那么就要小心了。别人不会祝福你，反而会在心里想：就是因为你成功，所以我才失败。

井卦的用意何在？从井然有序开始，大家守秩序、守规矩，要从水井里打水上来饮用，一定要离开井口时瓶子都是完好的，才算达成好的结果。在最后这一爻，说明井口不要加盖，因为就算是你做的水井，你一个人也用不完。而且水井很有意思，它是“无得无丧”，也就是没有得也没有失，不管怎么打水，水井的水始终维持一定的高度。它没有得，也没有失，你就尽量使用吧。这可以说是古人对水井的观察。

说到井，确实有它深刻的含义。古代的井田制，显然跟井有关。井田制在古代是很重要的制度，一个地方八家人生活，在一块田地画一个“井”，就有九个位置，中间的叫公田，旁边有八家人的私田。公田大家一起耕种，那时不收税，就把收成的东西归给国家，等于是收九分之一的税。因此，大家会努力先把公家的田耕好，下雨的时候都希望老天先把雨降在公田，然后再降到私田。

古时候有很多这样的说法，反映出当时的生活模式有它可爱的地方。井田制度最可贵的地方，根据孟子说的，这八家人“出入相友，守望相助”，外出、回家时，大家结伴做朋友。因为大家都在同一个井的范围，构成一个小的生活圈，叫作“小区生活”，彼此“守望相助”，生病就“疾病相扶持”。

我读《孟子》时，觉得这三句话真是令人感动。古时候的老百姓构成一个生活圈，就能互相帮助。“出入相友，守望相助，疾病相扶持。”(《孟子·滕文公上》)谁不生病、谁不会老呢？但有时不能光靠子女，这是古代社会的一种描述。我们提到井的时候，可以想到井田，想到古代生活的方式。

四、鼎卦：除旧布新，安邦定国

最后一个要介绍的是鼎卦（䷱）。“鼎卦”很有来头，古代的诸侯若想知道自己有何能耐，就会尝试是否可以“问鼎中原”。“鼎”本来是古人烧饭的用具，讲得通俗一点，就是锅子。后来，鼎变成了国家的宝物，国家的重器，可以作为国家的象征，例如“三国鼎立”。形容一个人说话有分量，就是“一言九鼎”，这些都是从“鼎”来的。

“鼎”字为什么那么重要呢？因为它能把生的食物煮熟。一开始，古人还是吃生的食物，后来发明了火，可以把食物拿来烧烤。但是老吃烧烤的食物，身体没办法接受，而发明鼎之后，就能把食物煮熟、煮烂，小孩、老人也都可以吃了，要不然烧烤的食物只有年轻人可以享用。因此，能发明鼎，把生的食物变成可口的熟食，大家都能吃得很健康，生活也逐渐得到改善。

鼎是国家的重器，代表国家的象征。也就是说，一个人要建立国家，等于是一个鼎能够立起来。如此一来，鼎的含义就非常深刻了。

鼎卦卦辞说：“鼎。元吉，亨。”鼎就是元吉，因为鼎一定走得通。鼎卦《彖辞》说：“圣人亨以享上帝，而大亨以养圣贤。”作为一个天子，用鼎煮好的食物来奉献给上帝，进而大量烹煮食物来养育圣贤。在《易经》里，上帝就出现这么一次，就在鼎卦。

为什么忽然出现上帝这个概念呢？学者们认为，商朝崇拜的是上帝，周朝崇拜的是天。而事实上，“上帝”与“天”的功能、角色是差不多的，都是作为最高的主宰，赏善罚恶，是最后的神明。

身为国君，用鼎做好食物奉献给上帝，煮好食物以养贤，让天下好的官员、有才干的人物都得到好的工资，他们才会照顾百姓。光靠统治者一个人是无法照顾全天下人的，毕竟需要分层负责。等于是用鼎产生出各种好东西，让上帝满意，让大臣满意，让贤者们都满意，然后他们再来照顾老百姓。可见提到鼎，就是要建立国家，安定社稷。

说到鼎的观念，我们也发现，鼎卦六爻大致都不错。但是我们必须强调，第四爻是凶的。鼎卦虽然是元吉，整个卦是上上大吉，但里面还是可能会有凶的爻。也就是说，再怎么好的情况，形势一片大好，还是有某些人处在“凶”的位置。这就提醒我们：任何一个卦再怎么不好，也有好的爻；再怎么好的卦，也有不好的爻。

我们为什么在开始要强调“天道无吉凶”呢？就因为每一个卦都是天道之一，即天道循环里的一个形势；每一个卦都是一个形势，每一个爻是其中一个位置。掌握这些之后，我们就知道，既然天道没有吉凶，那吉凶从何而来？从欲望而来。所以，人生最主要的功课是修养德行、降低欲望，如此自然能逢凶化吉，这是最好的方法。

鼎卦卦象

以上介绍的四个卦，提到鼎卦的时候，会特别强调要尽到自己的责任，在其位就谋其政，把事情做好。就像鼎卦的卦象“火风鼎”，底下是巽（风），巽也代表木头，上面是火，底下是木头，木头在下面燃烧，燃烧之后把食物煮熟。中间是三个阳爻九二、九三、九四，底下是两只脚。为什么两只脚，不是三只脚？因为只看到鼎的前面两只脚，后面那只不见得看得到。所以，看这个图像时，像不像一个鼎？底下初六两只脚，后面还有一只，中间三阳爻代表鼎腹。

那么，九四为什么凶呢？（九四爻辞：“九四。鼎折足，覆公餗，其形渥，凶。”）因为九四到了上卦，以为自己可以享受了，事实上不然。因为九四与初六正应，两个如果正应，九四就想和初六配合。一配合，恐怕就翻过去了。

因此，并非九四位置有问题，四是偶数，偶数应该是柔的位置，最好是阴爻。偏偏它是阳爻，如此一来，对九四就很危险了，它跟底下的初六如果正应，很容易就会翻过去。换句话说，就是我俩一旦配合，鼎就失去它的作用了，变成鼎打翻了。打翻之后，谁都吃不到东西了。在鼎卦里面提到“凶”，就是九四这个地方不太好。

六五是鼎的耳朵。鼎很重，我们常说“扛鼎之作”，鼎怎么可能扛得起来，大力士也做不到，所以鼎就要抬。六五为什么是阴爻？正好是耳朵穿过一根铁杠，然后很多人把它抬起来。上九就是鼎的盖子，要不然怎么煮东西呢？这样一个鼎的样子就出现了。

到了六五，耳朵可以让鼎抬着走，说明没有问题，在这里就会出现开始吉祥了（“六五。鼎黄耳金铉。利贞。”）。到了上九最好（“上九。鼎玉铉，大吉，无不利。”），因为鼎完成了，大功告成。

【余韵】

在此，我们再把自求多福的方法做一个简单的回顾。

一、损卦，要自求多福，就要损己利人。任何时候，都要替他人的需要设想，想办法让别人得到多一点、开心一点，这就是损己利人。例如，资本主义社会刚开始的时候，问题很严重。马克思批判资本主义有他的道理，他在英国进行研究时，看到许多刚建立的工厂，对员工都是不断地剥削。老板一个人发财，工人住的地方却像鸽笼一样，每天起早赶晚地工作，生了病也没人管，收入微薄。

但现在不一样了，从美国的福特公司开始，股份大家分，工人也可以享受到工作成果。像这就是一种损己利人的观念，老板要想得开，让每一个员工都得到更多。因此，要有利人、帮助别人的观念。

二、履卦，要重视礼仪、礼节、礼貌。有句话说：“礼多人不怪。”你对别人客气，总不会是坏事。但是，客气要注意真诚，不是表演给别人看的，得始终秉持着真诚的心。而且，若是礼貌不够，反而有危险，因为可能踩到老虎尾巴。

三、井卦，井然有序、井井有条。“井”是人类社会互动的基础，要照顺序一个接一个，不能着急，要有秩序。同时，这个井是“利众”，帮助每一个人，就好像每一个人都可以使用水井。井建成时上面不要加盖，任何人经过都可以打水喝，让水井是开放的，与大家共同分享。等于是你有功劳也不要独占，让大家都可以享用。

四、鼎卦，就好像完成使命。做一件事，知道会面临很大的挑战时，就要从基础慢慢建立起。这里再补充一点：鼎的第一步，也就是初六的时候，是鼎的脚。鼎的脚本身很脆弱，是阴爻，站不住。一开始把整个鼎翻过去，在烹煮食物之前，要先把里面剩下的、旧的东西去掉，去掉之后把它立正，再开始煮食物。初六有这样复杂的意象。

由此可见，“鼎”代表一个国家社会的建立，能够安邦定国。损卦要人一生都抱着损己利人的心态；履卦是这一生都没有放弃按照“礼”的方式来行动；井卦是不管完成任何事，都愿意同别人分享。这四方面都提醒我们，要自求多福可以，得按照这四种方法，就照你自己的处境来加以理解吧。

【《易经》小常识】

《易经》的研习流派

《易经》的研习流派众多，总的来说，可归为两派六宗。两派指“象数派”和“义理派”，六宗是指“占卜”、“禨祥”、“图书”、“老庄”、“儒理”、“史事”。六宗当中，占卜、禨祥、图书三宗为象数派；老庄、儒理、史事三宗为义理派。

● 象数派

象数本是分开的，在易学中被连起来用。“象”指形状，也称“易象”；“数”指数目和计算，也称“易数”。

传统观点认为，《易经》的象有三个方面的含义：

一、八卦、六十四卦及三百八十四爻的形状，即卦象、爻象。

二、八卦所象征的事物，如乾为天为父、坤为地为母等。

三、卦辞、爻辞所说的具体事物，如乾卦卦辞中的龙、坤卦卦辞中的牝马。

这三种含义合为“易象”。另外，易数也有三种含义：

一、一卦各爻属性的数，即六、七、八、九四个数，阳爻为奇数，阴爻为偶数；大数为老，小数为少。这四个数又分别称为“少阴八”、“少阳七”、“老阴六”、“老阳九”。六为老阴，因为阴代表负数，而负六大于负八。

二、爻位顺序的数，依次为初、二、三、四、五、上，即爻的变化规律。

三、占筮求卦的方法，即占卦过程中，根据蓍草数量的计算，推导出所需的卦象。

可见，象数派注重卦象、卦变的研究，以其所理解的道理推断人事吉凶。象数派代表人物有汉代的孟喜、京房、焦延寿，以及宋代的陈抟、邵雍等。

● 义理派

顾名思义，“义”即意义，“理”即道理。义和理无形无象，不能单独存在，需要透过文字或图形的描述方能显示。象数和义理可看作是同一事物的两面，例如，乾之所以为刚健之义，就是因为日月等天体运行规律，周而复始，从不间断，且威力强大。

义理派注重《易经》的卦名、卦爻辞，以及卦象中所蕴含的意义和道理。代表人物为创始者王弼，继承学说的是宋代的胡援、程颐、杨万里等。

第九章 《易经》的现代意义

有一位日本心理医生，认为自己生意不好，便占了一卦，得到复卦（䷗），底下一个阳爻，上面五个阴爻。一个阳爻从底下往上走，下一步将会带着别的阳爻一起往上走，这说明了这个人阴气太重，有五个阴爻。这位医生看了便说："我以后不能太客气了，要有一点阳刚的精神。"因此，他之后跟病人说话语气就变得很肯定。

一般人看医生，需要的是医生的权威。例如，生病了去看医生，问医生："我是感冒吗？"医生说："不一定。"那么我该怎么办？没办法知道自己到底生了什么病，还找医生做什么？看心理医生也一样，若心理医生告诉你："你的病还不算是抑郁症，但也很难确定是什么问题。"听到这里，你下次也不会再找这个医生了吧。病人当然希望医生的语气是肯定的，医生讲话要有权威，不然病人会无所适从。

老师教学生也是一样，学生问老师："老师，我这样做对吗？"老师说："不一定，这样做也对，那样做也对。"学生请教孔子，孔子从来不会说“不一定”，或者“明天我们再研究，我先回去查资料”。你一查数据，学生可能就不会再信赖你了。

《易经》确实可以用在很多地方，对这个日本医生而言，它的解释也很合理。他一看自己占的卦，先不讲其他“一阳复起，大地更新”，只强调自己现在生意不太好，因为是阳气不够，阴气太盛。之后变得阳刚一点，斩钉截铁地回答病人的问题，这么一试，果然情况就得到改善了。

一、《易经》与现代人的关系

《易经》虽然是中国古老的智慧，但它与现代人依旧有很大的关系，具有现代意义。

●《易经》和现代宇宙观有关

说到宇宙观，西方人的宇宙观有一个非常明确的发展路线，近代首先出现机械论的宇宙观。机械论的宇宙观是以牛顿物理学为基础，主张宇宙是一部机器，内在没有动力，动力来自外在。机器本身是拼凑而来的，物质加上动力，就构成了整个宇宙的变化，这就叫作“机械论”。

西方近代发展机械论宇宙观，把宇宙看作一部机器，哪里有问题就修哪里。到了二十世纪以后，开始发展机体论的宇宙观。机械跟机体不一样，机械可以拆解，机体“牵一发而动全身”，不能乱拆。一块黄金切一半，可以变成两块黄金，但是一只狗切一半，就不能变成两只狗，而是死狗，因为狗是一个有机体。这也就是我们中国人的宇宙观，从《易经》就开始主张宇宙是一个整体，全面互相关联。

《易经》六十四卦，彼此可以换来换去，每一卦只有两个爻的变化，即一阳一阴，怎么换都可以连到一起，因为都来自乾、坤。可见，《易经》的观点就是一种机体宇宙观。

西方的科学到二十世纪以后，从“相对论”到“测不准原理”，再到“量子论”，一路发展到现在，才发现宇宙是一个有生命的东西，是一个有机体。他们很惊讶中国的文化，不了解为什么我们那么早就发现这个理论？其实，中国的宇宙观是素朴的，并没有经过西方那种认真的思辨过程。不过，这也说明了古人的智慧是何其伟大。

伏羲时代就有“观象设卦”的说法，观察就叫作“直观”，直观的时候，人与被观察的对象是一个整体。我们通常很难了解整体，因为我们自己就在整体里面，好比“不识庐山真面目，只缘身在此山中”（苏轼《题西林壁》）。然而，《易经》很早就告诉我们，整个宇宙是一个互动的整体。西方人非常欣赏这种整体观，以前他们会觉得中国文化所讲的与科学脱离，后来才发现，最符合他们新的科学研究结果的，就是机体宇宙观，也就是中国一直以来的宇宙观。

●《易经》与计算机有关

清朝初年，西方有位大学者莱布尼兹（一六四六～一七一六），读完传教士用拉丁文翻译的《易经》后，从里面的六十四卦体会到二元对数和二进制制。

什么叫二元对数？用阳爻代表一，阴爻代表零，一和零就叫作二元对数，而现今的计算机就是从二元对数的思考模式发展出来的。换句话说，计算机基本构成的模式和思考方法，与《易经》的基本观点，两者之间是有相关性的。

当然，我们不能说如果莱布尼兹没有读到《易经》的翻译本，他就不可能发明计算器，不过至少我们可以知道，计算机的原理在《易经》中早就出现了。

●《易经》重点在于心理分析

一般提到心理学，当代应用最多的是心理分析方面的治疗。心理分析治疗来自心理学家弗洛伊德，他特别强调潜意识的作用，代表作为《梦的解析》。

为什么人会做梦？代表人有潜意识，梦里所出现的各种故事有时会跟生活脱节。例如，好好的一个人，在梦里会变成一只鸟，好比庄子变成蝴蝶。梦到底有什么含义呢？的确，从小到大，我们在某个阶段会专门做某些梦，如果你有兴趣，可以把自己这几年之内所做的梦的细节全写下来，就会发现其中的基本模式和结构，或基本内容和剧情是类似的。这代表你小时候曾经发生的某些事，进入你的潜意识，但你并没有察觉它一直存在。而做梦的时候，它就跑出来了。

弗洛伊德透过梦的解析，帮助现代人摆脱生命中出现的各种异化现象。异化就是脱离，与上天脱离、与大地脱离、与人群脱离，也与自我脱离。到最后一个人孤孤单单，感觉到各种痛苦和烦恼。今天西方人一有痛苦烦恼，就会找心理医生，这时心理医生会请他躺下来，说说做过的梦。这就是这门学问运作的方式。

如果讲梦讲了半天讲不清楚，就用“催眠法”，让人睡着。睡着的时候，人会想到前世。我们很难证明到底有没有前世的存在，只知道有些人透过催眠会想起前世，这可能就是潜意识的作用。

心理分析能帮你把过去的许多事件，透过做梦、催眠回想起来，进而一一化解。痛苦是一种结果，前面一定有原因，找出原因，就可以把结果消减，甚至消除。这是一种因果式的思考模式，在时间的过程中，因果会不断地发展。

心理学家荣格就得到《易经》的启发。荣格这个人很特别，他一方面师从弗洛伊德，另一方面又说他讲得太偏了。因为弗洛伊德的心理学，到最后变成性心理学，压抑的都是性，性需要、性冲动，满脑子都是性幻想。而荣格讲究的是集体潜意识，例如中国人对于“龙”就有集体潜意识。

荣格最可贵的是他会不断地学习，不仅是印度教、炼金术，还学习了《易经》。他学《易经》学得非常透彻，会仔细研究每个卦，以及卦辞和爻辞。他提出一种想法，即“同时性思考法”。

何谓同时性？你现在心里不舒服，不见得是过去的原因所造成的，可能是现在正发生的事使你不愉快。我们通常都会忽略这一点，痛苦时就只会找心理医生，回忆过去。这种方式不够好，因为很多时候，人会有同一个时代的问题。当今的每个人都感受到这个时代的问题，却无法从过去找出原因，这就叫作同时性的思考模式。

《易经》的特色在于旁通，一个卦可以和另一个卦相通，这说明《易经》是一种全信息思考的模式。譬如“天地人”三才，上有天、下有地、中间有人，这是同时性的，是一种空间式的思考，不需要靠时间性的昨天、今天、明天。人的思考一向都是贯时性的，把过去和未来贯穿在一起。现在当下同时发生的事，即同时性的，却很少人会注意。换句话说，同时发生的事也必须要注意。

荣格当时所提出的一个新用词，现在开始受到注意了，即“有意义的偶然”。我们平常讲的偶然都是无意义的，例如：我偶然碰到你。但是天下没有偶然的事，所有的偶然都是有意义的，只是当时你没有发现，往往隔了很久才会想到，当初的偶然并不是偶然。天下所有重要的事，都是偶然出现的，只是当时你没有注意到，事后才发现那个偶然，其实是有意义的偶然。

大家都有交朋友的经验。地球有六十七亿人，为什么你会对眼前这个人特别有感觉？因为那一刹那，你的身心正好达到某种状态，而且对方也一样。这种感觉以前为什么不曾出现，以后也不见得会出现呢？这就叫作有意义的偶然。很多时候，我们都会忽略这一点，认为很多事是偶然发生的，不需要理会它。事实上，它正好提醒我们，某些事可能即将要发生了。以下是一个有意义的偶然的真实例子。

有一次，台北市南港区公所的一位科长，带着十几名科员去郊游，他一下车就一脚踩到狗屎，当时大家都会说真倒霉，但他说不一定，这恐怕是有某种暗示。于是当天，他们每人出一百元去买彩券，结果中了头彩，每人可分得一百万元。报道出来之后，大家都很羡慕，纷纷四处去找狗屎。但真的去找狗屎就不算了，因为那是故意安排的，真要这样的话，满街的人都中奖了。

这个例子说明了无意间出现一件事，如果你注意到了，就会有一种心电感应，知道今天会发生好事，因为坏事已经出现了，好事应该就要来临了。因此，很多时候，要特别留心当下发生的事，因为那恐怕带有暗示作用。

我们不否认人会接受心理暗示，例如，朋友约打麻将的时候，我就会开始注意：我走到巷口，正好来了一辆全新的出租车，好像是专程为我准备的，这时我就知道今天一定会赢。若是走到巷口，等了好久都没有出租车，最后来了一辆旧车，我就知道今天完了。

人本来就有各种心理暗示，像《易经》的卦象，也有心理暗示。天底下没有完全客观的事，任何事情发生了，当事人和局外人都会受到牵扯，其实你也受到某种影响。

平常谈到教育的时候，大家都说不能毫无限制地让孩子看电视，也不能任由他们随意上网，这样对他们都不好。因为信息进入脑子后不会消失，而是会潜伏在其中，在将来产生某种作用。中国人主张从胎教开始就要看好东西、说好话、听好音乐。这种做法非常正确，能让胎儿接受到全方位的刺激。

西方目前发展出一种新的学问，叫作“哲学治疗”。一般人只知道心理治疗，不知道什么叫哲学治疗。哲学治疗简单说起来，跟心理治疗不太一样，而是分析一些概念；哲学很喜欢分析概念。

举例来说，看到一幅画，你说这幅画真美，学哲学的人就要问：“你所谓的美是什么意思？”如果你没有想清楚什么是美，美就只是你个人的感觉，而他人为什么要接受你的感觉呢？世界上没有一幅画是所有人都说是美的，一幅画卖得很高的价钱，但是买画的人看得懂吗？不见得。我有时候到美术馆看画展时，在标价越高的画前面会站得越久，这样才不会被人嘲笑。外行人只能这么做了。

什么是美？事实上，没有人答得出来。而哲学的用处就在这里，这时我们就必须分辨概念。如果你找读哲学的人来帮你做心理治疗，你说：“我今天心情不好，因为别人对我不公平。”对方可能会说：“很好，请你坐下来，我们先来讨论，什么叫作公平？”

讨论完之后，保证你不会再觉得自己受到不公平的待遇，因为你根本就不知道什么叫作公平。耶稣有受到公平的待遇吗？他才三十三岁就被钉在十字架上，太委屈了；苏格拉底活了七十岁，被人家冤枉、诬告，也判了死刑，公平吗？不公平，但他们都不要求公平了，你又为何要求公平？

经过分析之后你会发现，原来别人对你不公平，是你自己的误解，因为你根本不知道什么叫公平，那么又怎么知道别人对你不公平呢？这是哲学的方法，但光是这样还不够，因为这样以后就没有人敢跟你讲话了。因此最后，你还需要提供一些积极的建议。

《易经》告诉我们，所有的东西都是不断在变化之中，你觉得自己现在很委屈，将来说不定就发展了。我们常说：蹲得越低，跳得越高。而你直挺挺地站着，要怎么跳呢？要知道，生命是一屈一伸、相互配合的，有光明就有黑暗，有白天就有晚上，有春天就有冬天，这些都是互相配合的。如果现在心情不好，没关系，将来会变得不一样；如果现在很得意，《易经》会提醒你，不要太得意，将来可能会有问题。

人最难了解的往往是自己的处境，很难跳出去看自己，说话太主观，认为自己就是世界的中心。很多事情发生的时候，当下不能化解，反而经常觉得："为什么别人会这么对我？我是一片好心，别人却不理解。"为什么会有这种想法呢？因为你没有从别人的角度来看自己，所以我们要练习换位思考。现在很多人都强调换位思考，是有道理的。

《易经》对现代人来说，越来越重要。《易经》这门学问，帮助我们了解自然界、了解人群社会、了解自己。透过《易经》，只要通过第一关，了解基本的八卦，再合成六十四个六爻卦，就可以慢慢知道，人生有六十四种处境。每一个卦有六爻，变成三百八十四爻，三百八十四爻代表三百八十四种位置。

六十四个大的形势，三百八十四个位置，你总能从其中找到一个地方吧。但是，找到地方后还要记住，它不断在变化，因为“易”就是变化。人要随时知道居安思危，任何状态即使表面上是安静的，其实照样充满动力，随时都会出现新的状况。最怕的是不知道将来会怎样，人最可怕的是无知，以为将来一样会很好，那就太天真了；但以为将来都不好，那也太悲观了。看《易经》就知道它的变化规则大概是什么，这个卦后面接什么卦，都有一定的道理存在。

二、古人如何看待《易经》

以孔子来说，他在五十岁左右，开始专心研究《易经》。像孔子这么用功的人，小时候不可能没读过《易经》，他年轻时几乎什么书都读。当时的书不多，最主要的是五本：《诗》、《书》、《礼》、《乐》、《易》，这五本孔子肯定都读过了。但是，有的当下读了就懂，而有的书，如果没有累积相当的经验与人生体会，读了也没用，只是看字面而已。

一般来说，五十岁左右的人，生活经验丰富，该有的经历都有了。等于一卦六爻到了第五爻了，大概知道整体的情况了。再老才读《易经》就来不及了，因为已经到了第六爻，读了也没什么机会了，准备出局了。

孔子五十岁左右学《易经》，目的是希望减少过失。《易经》为什么可以让他减少过失？我们常提到《易经》的自强不息、厚德载物、修德；要让自己"惩忿窒欲"，让各种负面的特性、欲望、情绪，慢慢化解，就要增进自己的德行，替别人设想，建构一个理想的社会。而在《易经》当中，孔子就得到一些启发。

在《孟子》里没有直接说到《易经》，但孟子很强调一个字，即"时"，做任何事都要看时机。他还特别说，孔子是所有圣人当中最重视时机的，他要学习孔子，因为做任何事都有时机。时机不对，事倍功半；时机对了，顺水推舟，太愉快了。

另外一位是荀子，他说："善为《易》者不占。"真正懂得《易经》的人，不愿意占卦。因为《易经》的道理合乎理性的思维，如果能清楚掌握理性的思维，何必占卦呢？占卦代表你面临很难解决的问题，心中产生困惑，因此才需要占卦。

然而，不可否认的，人生确实有困惑。很多时候借助于《易经》，一定要记得两方面的作用：一是它的义理。学《易经》可以知道做人处世的道理，《易经》中提到哪些卦有困境，你应该如何面对、采取正确的方法；哪些卦代表吉祥，它为什么吉祥？只要掌握住它的原理，设法实践，自然会达到效果。

另一方面是占卦。古人学《易经》可分为四方面：

（一）重视言语。《易经》里面有很多成语，可以得到许多启发，之后说起话来，就会非常文雅，言简意赅。

（二）重视行动。有些人重视行动，就会推崇《易经》的变化。变化无常，但是再怎么变，都不能离开你的抉择，以及你本身的态度。

（三）重视制作器物。例如怎么盖房子、怎么制作其他东西，从《易经》的图像中，都可以得到一定的启发。

（四）重视占卜。这种人就要注意到“占验”之词，重视占卦。

以上这四种人分别可以从《易经》中得到不同的材料，重视它不同的层面。

《易经》可以用来参考，它里面充满象征和符号，好像打哑谜一样。它写一句话，你就要问：这句话代表什么意思？例如前述的“履卦”，踩在老虎尾巴上。这时你就可以有不同的想象。

可见，平常在生活中就要研究每一个卦的卦象、卦辞、爻辞，行动的时候才能注意到变化和它的占验之词。“占验”就是占卦的验证，是吉还是凶？中间还有什么？除了无咎，还有更好的“大吉”、“元吉”，“无咎”底下还有“悔”，还有“吝”，还有“厉”，代表危险。古人占卦，不是一次就到位的，也不是学会之后一占就准，不可能的。

三、学习《易经》的三个重要收获

学《易经》可以得到多重启发，我把它归纳为以下三点：

（一）昭示文化的源头

《易经》告诉我们文化的根源为何。很多人问，《易经》是儒家的书，还是道家的书？事实上，《易经》远在儒、道之前就有了，而若是包括《易传》在内，则当然是儒家的书。尤其是《大象传》，内容提到君子如何如何，而只有儒家才会强调君子要修德。

然而，我们提到损卦的时候，道家好像也主张减法（损），不主张加法（益）。减法就是减少一点物质欲望、减少一点渴慕、减少各方面的娱乐。烦恼通常来自东西太多，例如，当很穷的时候，只有一个选择——生存下去，除此之外就没有别的念头了。反之，一旦有钱了，眼前有十个选择，选任何一个就要放弃其他九个，这时压力就很大了。因此，《老子》说"损"，要设法减少。

从这里我们可以知道，《易经》昭示了文化的源头。儒家与道家都从《易经》中得到很多启发，尤其是儒家，孔子教学生学《易经》，一代一代传下来，直到司马迁的父亲司马谈，都是儒家研究《易经》的代表人物。这些人集体的合作成果，构成了《易传》，《易传》是用来解释《易经》的基本材料。因此，如果想了解中国文化的源头，一定要知道《十三经》之首的《易经》。

（二）指引人生的方向

什么时候该趋吉避凶、什么时候要收敛、保持低调、损己利人；什么时候可以全力发展、建立自己的事业？什么时候、什么时机、该如何做，这就叫作指引人生的走向。人生的走向没有一个标准，别人这样走可以成功，你这样走不见得可以成功，因为条件不同，或者时机不同。很多人常说，如果中国人在三十年前努力奋斗，也达不到现在的成功，因为那时还没有改革开放。而现在努力奋斗，钱很容易就能赚到，因为整个社会条件不一样了。

过去努力奋斗没有什么效果，现在效果很大，但也不可能一直繁荣下去，将来一定会慢慢平衡下来，让你注意外在的形势，转向内在的自我修炼。这是必然的趋势，否则一直往外发展，欲望的深渊是没有止境的。西方人把欲望比做滚雪球，开始只有一小块，滚到山脚下时变成一大片。欲望就是如此，带着你滚，不会停下来。所以，向外发展到最后，还是要回到自己的内心，回到自己的生命。

我曾经特别提到乾卦，开始的时候“潜龙勿用”、“见龙在田”。九三、九四努力奋斗、进德修业，到九五才能够“飞龙在天”。这叫作人生的走向，不要着急，不要认为自己年纪不小了，不知道该怎么办。诸葛亮也曾当过卧龙，但是等到出来时，依旧能一飞冲天。

退休的时候，知道“亢龙有悔”；到了最后，要懂得该退休的时候就要潇洒一点。“悔”不是坏事，“悔”意指知道懊恼，不要等到最后才懊恼。当下知道将来退休会有懊恼，现在就要好好广结善缘，跟别人好好相处，对年轻人、对属下多照顾一点，到最后退休的时候，别人还是会感谢你。了解这个道理之后，人生该怎么安排就很清楚了。

（三）启发个人的安顿

个人的安顿有两方面，一方面是“乐天知命”。“天”就是各种既定的条件，不能改变的都属于“天”，我们只好接受它。很多时候，我们要从忍受到接受，最后再到享受。只有物质享受才算是享受吗？不一定，还有心灵上的享受，但是它需要经过下功夫。例如读书，有人读书读得很快乐，有人读书读得很痛苦；痛苦的人是在忍受，而快乐的人是在享受。

那么，怎样才算是享受呢？中间必须经过一个过程：接受。而透过理解，才能接受。举例来说，孩子想要考大学，但考试压力很大，读起书来一点都不快乐，因为他不知道为什么要读书。等到大学毕业之后，如果他还愿意读书，代表他知道读书有趣味，可以不断增加知识，而知识就是成长、就是力量。之后，年纪更大了，读书更是一种快乐、一种享受，能乐在其中。这说明了“乐天知命”取决于个人该如何去做。

另一方面是具体的情况。譬如，考虑要不要出国读书、要不要投资一笔生意、要不要跟什么人做朋友，甚至要不要结婚，这些都是重大之事。没有任何事是“百利而无一弊”的，所有选择都是利弊并存。假设每一个选择都是好的，没有坏的，那么又何必选择呢？选择一定是有好有坏，因此才会陷入困惑，不知道该怎么办。这时就要设法学《易经》的另外一招，那就是占卦，以帮助解决眼前面临的困境。

可见，学了《易经》之后，可以掌握人生的大原则，即乐天知命。另一方面是占卦，意指就具体的事件做选择。当一事关系重大，没办法藉理性立刻找到答案，那么就可以设法利用《易经》的占卦。

《易经》的占卦绝对不是迷信，而是相信人的生命中，有它不可知的侧面。用四个字来说，《易经》占卦是“人谋”、“鬼谋”。人在谋划、设计，而且“鬼”也在谋划。鬼代表我们的祖先，他们在不同的世界，但是他们的感悟能力远超过我们，因为他们没有身体。身体就是一个限制，有身体的限制，就会出现各种欲望冲动和要求，使人的思考局限在某个范围里，看不清楚、看不透彻，也看不远；而“鬼神”或灵的世界则是不受限制的。

【余韵】

人生要靠自己负责，不管是任何一派哲学、儒家、道家，以及它们的根源——《易经》，都是一样的。你还是要为自己负责，不要幻想会有奇怪的力量来支持你。“自助者天助”，你必须能够自己帮助自己，之后所有的一切才会来帮助你。

【《易经》小常识】

《易经》占卦方法——筹策运算说明

大衍之数五十，其用四十有九。分而为二以象两，挂一以象三，揲之以四以象四时，归奇于扐以象闰；五岁再闰，故再扐而后挂。乾之策二百一十有六，坤之策百四十有四，凡三百六十，当期之日。二篇之策，万有一千五百二十，当万物之数也。是故四营而成易，十有八变而成卦。(《易经·系辞传》)

古人用蓍草来进行占卦预测，也叫“筹策”，见下图。其步骤如下页。

一、准备五十根筹策（因蓍草现在很难见到，可用竹签、筷子或火柴棒作为替代工具），取出其中一根放在一旁不用，以象征“太极”，见下图。（“大衍之数五十，其用四十有九”）

二、把剩下的四十九根筹策随意分成左右两堆，左边的一堆象征“天”，右边的一堆象征“地”，见下图。(“分而为二以象两”)

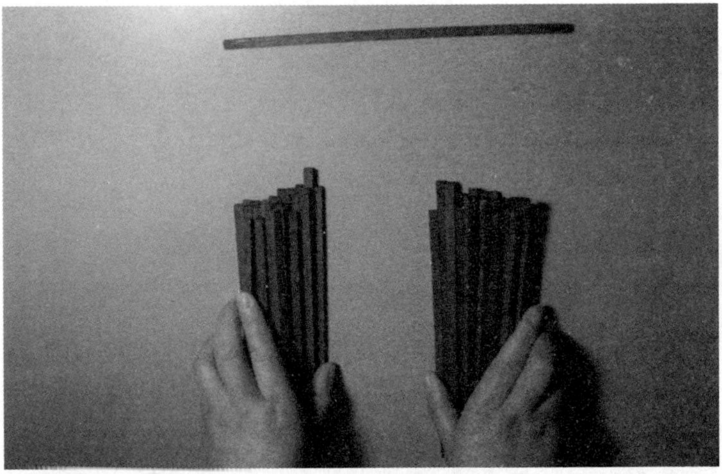

三、从左边一堆筹策中取出一根，夹在右手的小指与无名指之间，以象征“人”，见下图。（“挂一以象三”）

四、用左手数右边一堆筹策，以四根为一组，以象征“四时”。数到最后剩下四根或少于四根为止，把剩下的筹策夹于右手无名指和中指之间，以象征“闰月”。见下图。

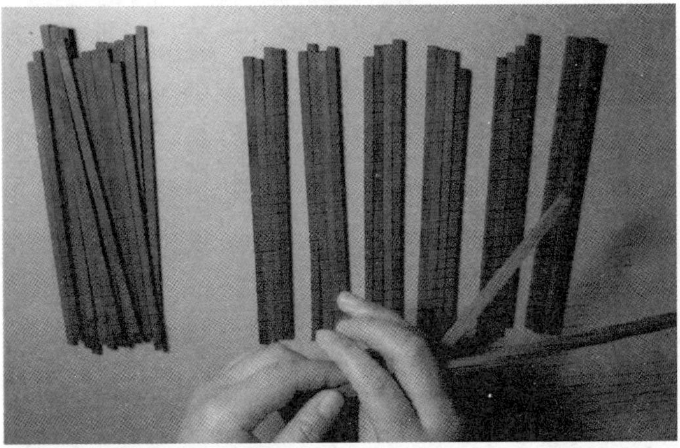

接着再以左手用同样的方式数左边一堆筹策，把剩下的筹策夹于右手中指与食指之间，见下图。（“揲之以四以象四时，归奇于扐以象闰”）

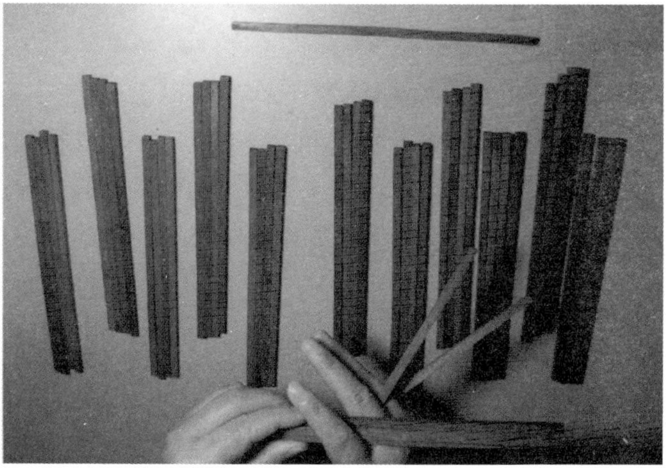

以上“分二”、“挂一”、“揲之以四”、“归奇”四个动作，称为“四营”，一次四营则称为“一变”。

五、把夹于右手手指间的筹策取下，合在一起，置于一旁，见下图。

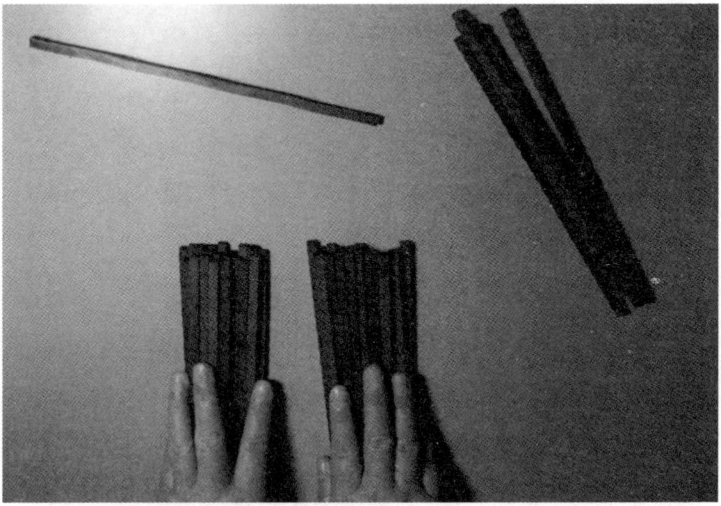

六、除了步骤一和步骤五取出放在一旁的筹策之外，将其余所有筹策合在一起，再重复步骤二～五的动作。

七、除了步骤一、五、六中取出放在一旁的筹策之外，将其余所有的筹策合在一起，再重复步骤二～五的动作。

八、将步骤七剩下的筹策放在一旁，数一数以 4 根为一组的筹策组数，得出的数必为 6、7、8、9 四个数其中之一。其中 6 为老阴、8 为少阴，为阴爻（--）；7 为少阳、9 为老阳，为阳爻（—）。这样便可得出《易经》六画卦中的第一爻，即初爻，见下图。（“四营而成易”）

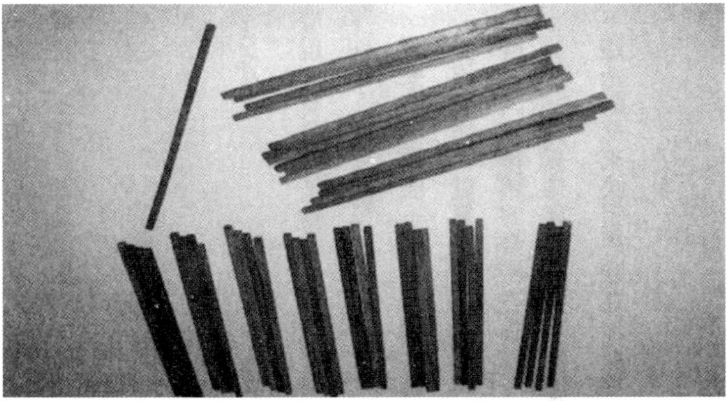

再重复上述步骤二～八的动作五遍，便可依次得出二爻、三爻、四爻、五爻及上爻，这样一个完整的卦形就出现了。（“十有八变而成卦”）

得到一个完整的卦形之后，还要弄清楚变爻和不变爻的概念。变爻就是上述的老阴和老阳，因为它们已发展到阴和阳的极点，即将发生阴阳的转化；不变爻就是上述的少阴和少阳，不会发生爻的变化。

●《易经》解卦方法参考

占卦出来之后，解卦的方法有很多种。解卦的时候会发现，有些爻是动爻，有时候称作“变爻”。变爻就是把六变为阳爻，把九变为阴爻。一变之后，会形成新的卦。

占出来的卦是本卦，新的卦叫作“之卦”，代表你下一步要往哪里去。这么一来，就变成所要占问的事到了后面可能会有变化。否则，光是占一卦没有用，就算知道现在的情况，却不知道下一步该怎么做。我们更关心的是下一步的发展，因为后续的发展有各种可能性。

真正正确的占卦方法往往是得出“本卦”和“之卦”，透过动爻来决定应验在什么地方，这需要长期经验的累积。

● 解卦步骤：

1. 针对所占问之事，本卦代表当前的处境，之卦（之，往也）代表未来的趋势。要配合心中的疑惑，详细思考两卦的卦辞含义，以求得到启发。这是最重要的一步。

2. 六爻皆不变者，只有本卦而无之卦，则参考卦辞。

3. 一爻变者，则参考本卦变爻的爻辞。

4. 二爻变者，则参考本卦两个变爻的爻辞，但以上爻为主。

5. 三爻变者，则参考本卦及之卦的卦辞，但以本卦为主。

6. 四爻变者，则参考之卦中二不变之爻的爻辞，但以下爻为主。

7. 五爻变者，则参考之卦中不变之爻的爻辞。

8. 六爻皆变者，则参考之卦卦辞。

【注】

1. 以上 2~8，主要参考朱熹《易学启蒙》之说，但不可忽略解卦所需要的生活经验，以及个人主观的能动力量。

2. 对同一问题，至少隔三个月再占。请记住荀子所云："善为《易》者不占。"懂《易经》的人要努力经由理性思维与德行修养而主导自己的命运。

附录 《易经》答问录

问题一：什么是中国文化的核心？另外，现在很多人把人生的价值都搞混了，不是房多、车多，就是钱多。到底什么是人生的根本价值？人为什么要活着？

答：这是“大哉问”了。首先，中国文化的核心是什么？我用我的老师方东美先生的话来说，很简单的三句话：

第一，以生命为中心的宇宙观。整个宇宙充满生命，中国人看宇宙从来不把它看作是死的，连山都是有生命的，就像诗句：“我见青山多妩媚，料青山见我应如是。”（宋辛弃疾《贺新郎》）我与山就有生命的互动，且宇宙本来就充满生命，怎么可能有东西是死的物质呢？

第二，以价值为中心的人生观。人活在世上不能只是活着或活得越老越好，而是要实现价值。一般来说，价值是“真善美”，理智追求“真”，情感追求“美”，意志追求“善”，这叫作价值。换句话说，以价值为中心的人生观，要求我们年纪越大，德行越高，也就是不断实现我们的价值。

第三，要向着超越界而开放。不能只是到死为止，人总是会死的，如果只到死为止，就不用谈人生了，因为死了之后，大家都一样。应该要向超越界开放，儒家的“天”、道家的“道”，就是超越界。

为什么要提“超越界”？因为我们的经验和理性所能掌握的这一切，本身都是有限、充满变化的，无法解释它为何存在。这时就需要有一个超越界，超越界不是你可以掌握的。但是它又必须存在，它如果不存在，我们就无法理解所掌握的经验世界与理性世界。超越界可以说是非存在不可，西方的上帝也是这样来的。

以上三点就是中国文化的特色。至于人生的价值是什么，首先，人生的价值在内不在外，如果讲在外的话，“名利权位”就决定了。我们的价值怎么比得上有钱、有名、有地位、有权力的人呢？那么，难道我们的价值就低了吗？不见得，因为有人得到名利权位，不见得是他努力的结果，有时候他生下来就是好命，有时候他得到别人提拔，有时候是他运气好，这都很难说。

儒家思想认为，人的价值在于德行修养。职业没有贵贱，人格有高低。我当教授，行业就比较高贵吗？另外一个人扫地、收垃圾，他的职业就比较低贱吗？不一定，人格才有高低的分别，不管任何行业，只要正当，都是一样的立足点。

其次，人生的价值在于发展德行。这时候就要看《易经》怎么说，像谦卦，六爻“非吉则利”。不要以为乾卦是第一卦，中间九三、九四都是“无咎”，没有灾难就不错了。但是谦卦就不一样了，只要做到谦虚，六爻不是吉就是利，是最好的卦。这说明了要从“谦”着手，“谦”是修炼，不是说现在开始我很谦虚就能办到。谦虚还要条件，才华不够、能力不够，何来谦虚，因为你本来就是如此。

因此，人生的价值首先要掌握到价值在内不在外，而且人人的立足点平等，然后再要求德行的修养。

第三，人生的价值在于无我。德行修养是从有我到无我，从身到心到灵的层面，到灵就是到无我的境界。人有身、心、灵，身体互相排斥，心智可以沟通，灵性打成一片。

例如，你现在坐在这个座位，别人就不能坐了；你当了总经理，别人就不能当了；这个钱被你赚走了，别人就不能赚了。只要跟身体有关、具体有形的，各种有利条件都会互相排斥。所以，人类社会充满压力，互相竞争。

然而，心智可以沟通。大家来到这里听我讲《易经》，听了之后，大家都会有默契。一说到乾卦就知道是什么，一说“谦”就知道是好，大家都可以沟通。

最后是灵性。到了灵的层面，已经打成一片了。一个人修养到最后，到了“无我”，看到每一个人都跟自己的手足同胞一样，见到其他生物，也都跟自己的生命有关，整个宇宙是个整体。

庄子说：“天地与我并生。”天地与我一起存在，“万物与我为一。”万物跟我合成一个整体。庄子不是说大话吓人的，他有他的根据，也就是我们这里所说的，一个人到了灵性的层面，根本就没有自我中心的想法，看到每一个人都非常自在、亲切，好像人生本来就是如此。见面就是有缘，大家在一起就客客气气的，没有要胜过别人的压力，别人也感觉不到压力。

人生的价值何在？我只能就我想到的跟你分享：在内不在外，德行作为大家共同的一个目标，最后达到无私，达到人类最高的境界。

问题二：孔子、庄子、孟子，他们都达到了“灵”的境界，可以说与天地共存，只要有天有地，就有他们。但是，我们呢？我感觉自己是个平凡人，凭我们的修为，想达到那种“灵”的境界是不可能的。作为我们这百分之九十八的人，该怎么生活？我们生活在现实当中，有时候看到别人占小便宜，觉得这种行为不道德，可是大家又都这么做，那么我们该怎么办呢？

答：这问题非常具体，也是很现实的问题。我们可以这样想，通常我们讲到一个人的使命感时，不能脱离他的生活空间、时间。

举例来说，我们今天一起在这里。我教书教了一辈子，对我来说，我认真看待今天这场演讲，每一句话都是我研究的心得，没有任何话是我自己不相信的。把今天这件事做好，我就是一个好老师。而大家今天在这里，安静地听讲一两个小时，你们就是最好的听者，你们做到了该做的事。

也就是说，对于每一件小事，你都真诚面对，和别人互动时相互尊重，这样就够了。每个人都有贪小便宜的心态，只要不损害别人，都无所谓。

问题在于，你还是要跟别人有适当的关系，例如你的亲戚朋友、同事、同学等。只要有关系，就有利害的摩擦。这时你就要修炼，因为人生在修炼中才能成长。

有时候，千万不要羡慕伟大的人。像孟子最推崇舜，你知道舜怎么生活的吗？舜的父亲娶了后母，生了一个弟弟象，这个弟弟坏得不得了，“日以杀舜为事”，每天都以杀舜作为目标。这是什么家庭？一家四口人，三个人连手要杀一个人，但舜也因此变成圣人。

如果舜觉得自己倒霉，不解自己为什么出生在这种问题家庭，可能会认为你对我不仁，休怪我对你不义。然而，舜没有这么做，他反而借此修炼德行。

所以，我们生活在平凡之中，平凡是快乐，也是福气，问题是你有没有忧患意识。平常跟人来往时要注意小地方，从小地方注意起，到最后起心动念，让自己化解自私的念头，看到别人占小便宜，也就没感觉了。即使自己稍微牺牲一点，也会觉得很快乐。

老子说得好：“既以与人己愈多。”你给别人多，自己会变得越多。以金钱来说，给了别人之后就没有了，却能得到精神上的力量。因为你替别人设想越多、越关心别人，你的爱心就能绵延不绝。这就是所谓的“灵”，是精神方面的。

为别人想得越多，代表内在能力越强。通常，一个伟大的人替别人服务时，会感觉很快乐，因为越牺牲奉献，内在越充足。相反的，一个人越是得到许多财物，例如外在的名声、权力时，得到越多，其实剩下的越少。因为他根本就没有内在的自我，都是靠外在来充实，这其实非常可怜。

一个人如果什么都没有，反而拥有天下，就像印度的甘地，死的时候只剩下一件换洗衣物和一副眼镜，但是谁会说甘地贫穷？特蕾莎修女也在印度修行，她是阿尔巴尼亚人，却到印度当修女，帮助了很多人，死后只留下一个水桶和一件换洗的衣服。甘地和特蕾莎如此穷困，但是，世界上有谁比他们富足？

相反的，多少王公贵族，包括英国皇室那些人，钱多得不得了，但他快乐吗？事实上，这些人非常穷困，穷得只剩下钱了。

我们一般老百姓，千万不要以为圣人有伟大的成就，自己就没希望了。错了，每个人都一样有希望，只要平常多了解儒家和道家的道理，提醒自己在面对每件事时，一旦与人发生来往冲突，就要尽量自我约束。就像“损卦”，损己利人，只要做到损己利人，就是好事。

问题三：是否可请教授以您过去所受科学教育的背景，说明《易经》能否证实或证伪，以及它是否具有普世性？

答：这是个非常根本的问题。《易经》是否具备科学性？能不能证伪？证伪就是在科学研究中提出一个假设，证明它能不能经过各种检验，如果它是假的，就没办法经过这个检验。

《易经》基本上是人类思维的一个精彩表现，它一方面先观察万物现象，画出基本的卦，也就是“观象设卦”。另一方面，设了卦之后，又从卦里得到许多生活启发，形成一个循环互动的过程，心与物互相交际来往的结果。

因此，它并不是我们今天所谓的科学研究，面对一个有形可见的清楚对象或某些物质（包括天文、地理各方面），加以研究。所以我们无法用证伪证明《易经》所说是真是假，不能用科学方式来说明它是否合乎科学。

我只能说，《易经》是用符号象征来代表万物的一种精彩表现。因为人有思考能力，思考能力就是从万物变化中找到一个基本的象和规则，掌握这个规则之后，看到万物的变化就不至于觉得迷惑。

例如《易经》的基本八卦有八个象，八个象两两相合，变成六十四个卦象，每一个卦象代表一个大的时势。每一个卦有六爻，六爻代表六个位置，每一个位置都有它不同的时和位的配合，由此判断吉凶祸福。

吉凶祸福往往与人的欲望有关，于是就要强调修德。修德之后，欲望就能得到调整，然后吉凶祸福自然会降低它的影响力。力量在主，而不在客；在内，而不在外，这是《易经》的基本原理。

这就好比西方哲学家柏拉图提出的理想国，他不需要用科学方式提出检验，作为唯一的标准。

《易经》有没有普世性呢？就如同我在本书第九章中所举的例子，清初年间，西方的大学者莱布尼兹看到拉丁文翻译的《易经》，研究之后，从里面得到二元对数的启发；阳爻代表一，阴爻代表零，一跟零就可以构成计算机的原理。这是他自己的心得，当时他还申请到中国来，但是被清朝的皇帝拒绝了，太可惜了。

《易经》虽然是老东西，但内容是有永恒价值的。至于《易经》对现代人是否具有启发性，这部分已在第九章详细探讨过，不妨参阅。

问题四：这几年易学研究和应用非常热门，请问在香港、台湾，还有国外，对易学的研究情况如何？他们是侧重于“义理”的研究，还是在“象数”的应用多一些？

答：这个问题很大，我没有做比较系统性的了解，只能这么说，一般研究《易经》，义理和象数是分开的。研究“义理派”的大部分是学校里的教授，因为学校不太喜欢讲象数。如果我在课堂上教同学占卦，那就不太好了。因为如此一来，每个人都会很紧张，想知道占卦结果对自己有利还是有害，到最后，什么事都不能做了。

我以前有个同事，本身就会占卦算命，而且算得很准。后来上课的时候，学生老是问他：“老师我最近要做什么事，你能帮我算一下吗？”这样就不像上课了。

因此，在大学里很少谈到象数，因为它容易引起跟算命有关的迷信误解，让每个人都只考虑到自己的利害，而没有客观求知的态度。大学里面讲《易经》，大部分讲“义理”，“义理”告诉大家人生应该怎么做，例如“自强不息”、“厚德载物”。

但是，从汉朝以后，《易经》的应用非常丰富，譬如“堪舆”，跟地理风水有关，必须跟五行配合。所以，在社会上讲象数，就是应用到生活上，直接占卦算命。但是占卦必须慎重，以前的人占卦前还要斋戒沐浴，口中念念有词，非常虔诚。

占卦容易，解卦很难，必须一天到晚研究《易经》。例如“潜龙勿用”、“飞龙在天”，一辈子都研究不完。因为每一件事都不一样，同一个卦，应用在不同的事情上，就需要丰富的生活经验来加以解释，并且需要灵感。所以，象数的应用是最吸引人的，大家都会有兴趣，也可以把它运用到养生上，天干地支在《易经》里也可以找到一些简单的根据，但这些都不是《易经》的重点。

问题五：请问《周易》和河图洛书的关系，是先有《周易》，再有河图洛书，或者《周易》是从河图洛书里分化出来的？第二，大家都知道，《周易》是由两个爻合并起来的，然后阴中有阳，阳中有阴，如此才能运转，包括天体、人类、世界的发展。这是在说明人的发展与世界的发展，必须有好的一面和坏的一面同时进步，还是有其他的意思呢？

答：首先，一般会把河图洛书当作数学，中国古代最早数学基本的方阵，跟《易经》的卦象有关。我们有时候写八卦图时，会写上数字，乾是一、兑是二、离是三、震是四、巽是五、坎是六、艮是七、坤是八，相对加起来就是九，这是“先天八卦”。“后天八卦”相对加起来都是十，因为中间加了一个五，所以就变成十。这都是跟河图洛书有关。

《易传》里曾提到河图洛书，孔子也提过“河不出图”。河图洛书怎么来的，到目前为止还没有定论，所以我只能说，河图洛书中所显示的点代表数字，跟中国古代的数学发展有关。

《易经》里所谓象数的“数”，也和中国古代数学发展有关，但是到目前为止还没有定论。我有些朋友专门研究象数，写的书几乎没有人看得懂，都是数学运算的方式，非常神秘。要说哪一个早，哪一个晚？很难说。如果说早，当然是《易经》最早，但《易经》本身的卦象跟数字的关系并没有那么明显。

第二，阴中有阳、阳中有阴，和好人、坏人的问题，我只能这么说：以人为例，西方研究也发现，男生心理同时有阳性的魂和阴性的魂，只是阳性的魂表现得比较明显。女生也是一样，只是从小被教育在服装、言行上要像个女生的样子。这一教之后，女生阴的特质就发展出来了，阳性表现得就比较少了。

男生阳刚，但是也柔顺；女生阴柔，但是也有阳刚的部分。就像我们说的：“女子虽弱，为母则强。”而且，阴阳是相对的，譬如，在家里，我是父亲，是阳；上班的时候，我有老板，就变成了阴。阴阳会随着相对的对象，而转换整个关系。

每个人都有阴阳两种特性，不可能纯粹是阳，所以，在太极图“阴阳鱼”里，眼睛和身体是不一样的颜色，含义就在这里。

问题六：您曾说过，有余暇才有文化。假设以一九九〇年代初期为分界，我觉得在这之前，这句话是成立的，但在这之后就有点不适用了。因为在现今生活中，很多人有了空闲，却没有人制造属于我们的文化。我一直认为，很多现象，如“郁闷”，一直存在我们生活之中，想请教您是如何看待这个问题的？

另外，您在讲《易经》的时候，引用了很多儒家经典，因为我们对儒家经典比较熟悉。但是在“易学”这方面，我们就比较生疏了。我的问题是，“易学”从原来的衰落到现在的盛行，是否代表着什么现象问题？

答：闲暇与九〇年代及制造文化，其实没什么关系。不要忘了，闲暇会制造文化，但是文化有不同的层次。你刚才所说的是娱乐性的文化，娱乐性的文化受制于感官的刺激，让你快速满足感官需求，例如听的、看的、速成的，可以当下立刻感到调剂。但是久了之后，刺激递减，慢慢就会感觉到乏味。

真正的文化是什么？美国耶鲁大学设有核心课程，每个学生不管是哪一系，毕业之前都要读完二十五本书，其中一定包括《柏拉图对话录》，以及康德的著作。这是西方的传统，这么做是为了要让受过高等教育的知识分子，在休闲时有可以思考的内容。思想最怕没有内容，如果不读书，就没有观念，思考了半天，也只能想每天发生的事，例如今天有什么新闻，今天有什么八卦。

这样怎么可能创造文化呢？只是麻醉感官兴趣而已。

我们讲闲暇等于创造文化的机会，意思是闲暇的时候要静下来，不要担心生活。举个例子，日本有段时间，作家的稿费和所付的所得税，都是全日本最高的。在日本，你可以随便举十个作家，他们赚的钱都是一般人的几十倍。他们为什么可以拿那么多钱？因为他是作家，作家需要的是创意，一年只要写一本书，对文化就很有帮助了。

假设你是作曲家，一首曲子卖十块钱，累死了也不可能作出好曲子的。相反的，如果曲子有版权保障，将来很多人唱，作曲家光是坐在家里，就会有很多钱，也就不必担心生活的问题了，可以专心想怎么作出好曲子。一首好的曲子会影响整个社会，我们讲的文化创造，指的就是这一方面，因此才说闲暇能创造文化。

至于提到用儒家来解释《易经》，这是个很好的问题。研究《易经》，从古以来就有各种方法，一种叫作讲道理，例如儒家的道理、道家的道理。第二种是讲历史，用历史故事来验证每一卦、每一爻，到底是不是讲得有道理。我偶尔也会用到，例如我们说明坤卦的时候，就提到姜太公与周公。找材料很容易，因为历史上的例子太多了。

其他还有各种方式，我用儒家来解释是最正常、最经常使用的方法，因为《易传》就是儒家的东西。《易经》篇幅很小，最多二十页，六十四个卦象，每一个卦一句卦辞，每一卦有六爻，再加上六句爻辞，最多二十页结束了。其中内容却跟猜谜一样，很难懂，所以就有了《易传》。《易传》是孔子和他的学生们集体合作的成果，内容很丰富，用儒家的方式来理解《易经》。而这也是两千多年来的历史了，成为了习惯，是非常合理的一种方式。

问题七："医"、"易"不分家，中医和易学大有关系，能否请您针对这一点做解释。另外，虽然您讲解了"先天八卦图"的方位，但在实际使用过程中，用的却是"后天八卦"的方位，关于这点，能不能也请您稍做说明。

答：首先，"医"、"易"不分家，医学跟《易经》不分家的说法是从汉代开始的，把《易经》应用在医学、天文学，甚至风水、阴阳五行上，都是汉代的成果。

对于医学来说，提到《易经》是合理的，而就《易经》而言，就像我向各位介绍的几个卦，如乾、坤、谦等，好像跟医学没什么特别关系。其实在汉代的时候，把五行加进去，五行相生相克，就跟医学产生很大的关系了。

看后天八卦，首先要从左开始，代表东方，震卦。看这个图的时候，跟看地图相反，《易经》是从北方往南方看，上面是南，下面是北，所以东在左手边。

后天八卦从震卦开始，因为震卦代表东，东代表宇宙万物的生命起点。接下来是巽卦，从震卦到巽卦到离卦，离代表南方；坤在西南，乾在西北；兑卦在西方，艮卦在东北。如果配合五行，东方属木，南方属火，西方属金，北方属水，中间属土。这就是后天八卦。

接着再说明五行相生相克。木、火、土、金、水，叫作五行，按照这个顺序，“比相生而间相胜”，“比”就是邻居，“比相生”就是邻居会相生；“间”就是间隔一个，“胜”就是克。

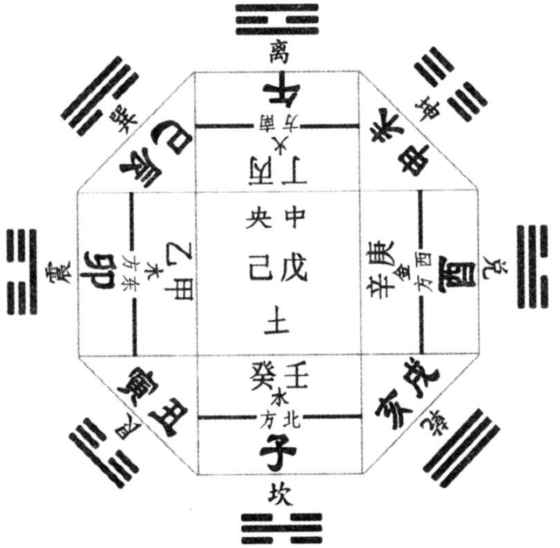

后天八卦五行、方位、天干地支图

举例来说，木生火，木头一烧就会出现火；火生土，火烧完了之后就会成灰，变成土；土生金，山里面有金属，土底下埋着金；金生水，金多的地方就一定有水；水再生木。这就叫作“比相生”，从木开始，木生火、火生土、土生金、金生水，水生木。

“间相胜”则是说明间隔一个就相克。例如木克土，木隔着火到土；树木可以长到土里面去。火克金，火可以把金属燃烧熔化，然后是土克水，水来土掩；金克木，钉子可以钉进木头；最后是水克火，水可以浇熄火。这就是“比相生而间相胜”。如果把五行和我们的肝心脾肺肾对起来，就跟医学有关了。

五行是配合后天八卦的，一般人在使用的时候，的确大部分会使用后天八卦。但是，作为基础的还是先天八卦，它是最原始的，后天八卦是周文王以后才开始使用的。周朝在西边，西北是乾卦，西南是坤卦，它是从周朝的角度来看八卦位置，跟最原始的先天八卦不一样。后代讲到占卦、算命等各种应用，大都采用后天八卦。

问题八：第一，我想问关于主爻的问题。八个经卦里面都有一个爻是主爻，决定这个爻的属性。在谦卦里面，九三是决定整个爻的属性，这个少数的一个爻，怎么能决定这个卦和整个三爻和六爻的属性呢？

第二，我从小接触唯物论的哲学，但是现在来看，《周易》代表的哲学非常有道理，也就是阴阳两派代表的是世界的本质。但是另一方面，我也无法解释这些玄妙的现象。我们这一代从唯物论走过来，面对这些无法解决的问题时，心里会感到非常困惑，不知道世界的本质到底是什么。究竟《周易》只是介绍一种方法，还是说明了这个世界的本质？

第三，您一直说中国哲学就是生命，我以前看过一些书，很多人也都赞成生命的哲学。您也一直在破除我们对小事及欲望的执着，对生命是不是也是一种执着？那种生命的状态是什么样的呢？天地之间是不是存在着大生命的状态，又是什么样子的？

答：先说第三个问题，天地之间是不是存在大的生命？我们对生命的执着，算不算执着呢？其实我们都知道，很多外在物质会使我们产生欲望，这种欲望的执着，包括名利、权位。这些确实是执着的一种，因为是对外。而生命的执着，不见得是一种执着，因为它是对内的。例如，我珍惜每一天的生活，我只能珍惜，不能执着，因为我执着也抓不住，今天还是会过去。

因此，我们讲到对生命的了解、宇宙充满大的生命，为的是希望看宇宙时不要做切割，不要区分这是植物、这是动物、这是无生物。而要把它当作一个整体，缺了任何一样东西，别的东西就不能发展。这样一来，对于宇宙充满大的生命这一点，就会有所感觉。感觉到自己的生命并不孤单，自己的生命跟别的生命可以相通，自己的生命跟天地可以相通。

宋朝学者说得很好："乾为父、坤为母。""乾"是我的父亲，"坤"是我的母亲，这就开阔了，变成天地。人在天地之间，万物就跟兄弟姊妹一样。

第二个问题，你提到有关唯物论的问题。古代的思维没有这么明确的区分，唯物论是近代哲学的特产，尤其是笛卡儿之后，直到德国的唯心论出现，才有马克思主义的唯物论。

你从小所学的唯物论，是历史发展中特定阶段所出现的产物。古时候有"素朴"唯物论，"素朴"代表很天真，认为世界就是看到的世界，但是并不会去思考这个世界也是个物质。素朴唯物论说世界有“灵”，山有山“神”，太阳有太阳“神”，月亮有月亮“神”，有物有神，整个是混在一起的。

通常我们讲古代思想所使用的唯物论，指的就是素朴唯物论，而不是之后精密发展出的唯物论。这个问题比较大，我觉得你受的教育是偏向中间这一段。如果看希腊哲学，他们也有这种唯物论。第一位希腊哲学家泰勒斯说：“宇宙的起源是水。”但他接着又说：“一切都充满神明。”

宇宙的起源是水，水是物质；但是一切又充满神明，代表万物充满神明的力量。可见，我们必须从全方面来探讨，才能理解西方思想，如果只说近代以来的唯物论，就变成历史里的某一个阶段，有时难免稍微狭隘了点，不包括再往前的各种想法，也不包括中国古代的一些思想。

再回到第一个主爻的问题。六爻里面为什么主爻是少的呢？因为物以稀为贵，一个国家里面，国君只有一个，群众却有很多。如果阳爻一定要为主，那么五个阳爻就代表有五个君，只有一个民，那该怎么办呢？满天月亮一颗星，这是不可能的。一个社会结构一定是少的在引导，多的就服从。

在《易经》基础卦里的三爻，当中有两个阳爻，一个阴爻，其中一个阴爻就是主，因为两个阳爻是多数。千万不要以为二比一才多一，其实是多了一倍。如果六爻里有一个爻不一样，它就是主爻。

麻烦的是两个或三个爻不一样，两个，二比四；三个，三比三。如此一来，就要看哪一个爻所说的爻辞同卦辞和《彖传》所说的类似，就是主爻。这是一个方法，虽然不是绝对的，但基本上可以参考。